JN062537

恵比寿ガーデンプレイス
ザ・ガーデンホール

お持ち帰り、

新感覚
落語

YEBISU亭

満員御礼
20年の
舞台裏を特盛で!!

まあくまさこ著

2016年 50回記念

まもなく開演です！

YEBISU亭

総天然色写真館①

思い出アルバムより

※写真の人物は原則、左から表記。敬称略
※日時は「YEBISU亭ヒストリー」頁をご参照ください

ニュースキャスターのここだけのリラックス笑顔
喬太郎、たい平、筑紫哲也　第10回

▲マスクは白鳥、レフェリー姿の彦いち、うっかり遊びにきた姿月あさと、まあく

米團治、まあく、デーモン閣下、吉弥　第29回

◀お相撲さん用着物をレンタルしました。
前田日明（あきら）
2009年9月25日の回

志らく、まあく、三三、岡幸二郎

志らくは「サウンドオブミュージック」を真面目に独唱。三三と岡幸二郎（ミュージカル俳優）で「オペラ座の怪人」を「じゅげむじゅげむ～～」と、『寿限無』の替え歌でデュエット。「もう絶対歌はうたわないからね」と志らく　貴重な第35回

歌もバリトンきいてたし、怪人姿も意外に似合う三三

これが口ミオって…。一之輔　第36回

あの大ヒットドラマを再現!?　吉坊、喬太郎、風間杜夫　第38回

三三、まあく、真島昌利、一之輔　第43回
三三さんだけでなく、まあくも大ファンになったマーシーさん♡

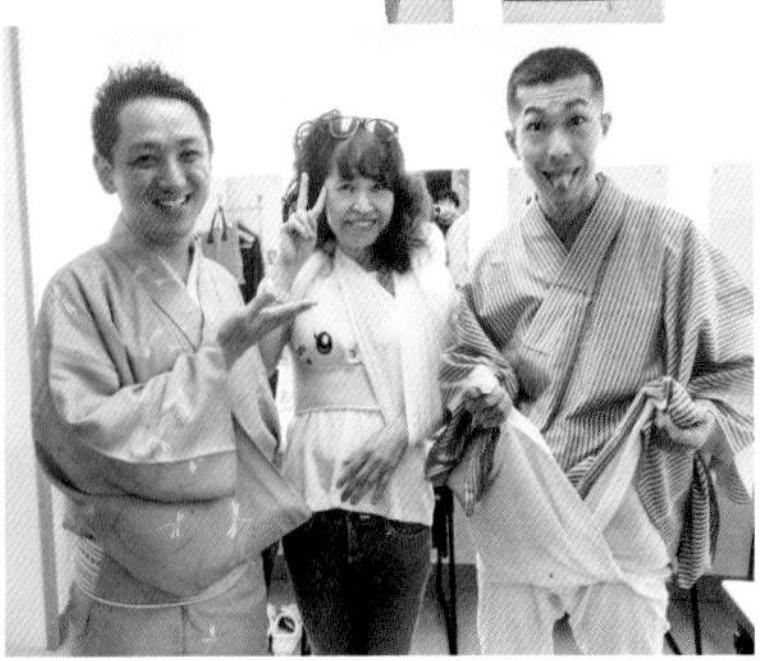

まあくの鎖骨粉砕骨折の痛々しい姿に、やたら嬉しそうなふたり。王楽、まあく、三三　第49回

まあく、兼好、喬太郎、水道橋博士（みうらじゅんピンチヒッター登場）第50回記念

「噺家さんとコラボさせていただくこの貴重な会、僕も大好き」（上妻宏光）

第50回記念のネタ帳
（喬太郎筆）

総天然色
写真館 ❶

白鳥、魔夜峰央。魔夜先生絶賛！
白鳥と喬太郎がお揃い黄色の衣装で
「クックロビン音頭」 第56回

まあくがずーっと
大好きなパタリロ♥
第56回

あの「アニキ！」「待たせたな」が復活。
ラサール石井、たい平、花緑 第20回記念第1弾

「働かないキリギリスみたいな格好だよ」と一之輔に言われた、まあく 第64回

50回記念のリベンジ出演を果たしていただきました！
にしても、みうらさん、多すぎ！ 遊方、みうらじゅん、
兼好 第53回

ゲストがルー大柴だった
会では喬太郎、一之輔の
サイン、ルー語になっちゃった!? 第46回

なぜか上方落語家さんとは恒例の腕相撲

ゲストで出演の
月亭方正
第31回

まあく、吉坊
上方編

まあく、白鳥、米團治 第26回

番外編

総天然色写真館❶

本番は真剣。でも楽屋では
こんなことして遊んでま〜す！

声が出ない、なんていうのはプロじゃないのよ！
わーん片づけやります　第33回

いっこく堂〜いっこくさん、
声が遅れて聞こえるのよ、
今後気をつけてよ
第20回記念第1弾

喬太郎さんの落語で泣いちゃったじゃない、
どうしてくれんの？　第20回記念第1弾

オープニングで、ほうき持って
舞台お掃除させられた喬太郎さん、
最後は畳かたづけて、
見事につながった!?　上方編

ネクタイ
締めましょうか？

って、
首絞めてどうする!?

第25回

第31回

お疲れさま！
吉坊くんに、
ポテかるっのプレゼント！
袋ごとかじって
どうする?!

オープニング

某(なにがし)さんは若く見えるが、60歳をとうに超えている。もうじき70歳に手が届く、くらいか。どこだか内臓の手術歴がある。だから健康にはそこそこ気をつけている。手術前にタバコはやめたが、どうにもお酒はやめられず、今でも奥さんとの晩酌だけは欠かせない。ほどほどなら酒は良い、と医者も言っていたし。

そんな某さんの今の一番の愉しみが、3ヶ月に一度の「YEBISU亭」だ。

これは医者が〝笑いは健康に良い〟と言ったから来ているのではなく、せんからのファンだ。だがYEBISU亭で笑うと確かに体調が良くなる、ような気がする。

2019年5月28日、令和になって初めてのYEBISU亭第60回が開催される。会場は恵比寿のガーデンプレイス内にある、ガーデンルーム。キャパ300余の、広さといい雰囲気といい場所柄といい、全てに丁度良いこしらえのコヤだ。

観客レギュラーの某さんは、毎回ソッカン必至の前売りチケットをしっかりゲットして、18時半の開場前からガーデンルームの前に並んでいた。

今回の出演は柳家喬太郎、古今亭菊之丞、ゲストは津軽三味線奏者の上妻宏光だ。

「ここは毎回豪華な面子を持ってくるよな」……同じように並ぶ人々の中にいつもの顔を見つけ会釈すると、そんな会話があちこちで弾んでいる。


さあ、いよいよ開場だ。


某さんは会場入り口でチケットを渡し半券を受け取ると、慣れた足取りでドリンクサービスのカウンターに向かった。ここはサッポロビールの本拠地、缶ビールが1本サービスされる。20歳未満にはちゃんとソフトドリンクも用意されている。

落語にビール、最高に気の利いたサービスだ。これで3500円はなかなかのお得感、スポンサーがあればこそ出来る価格設定だろう。

よく冷えているサッポロビールを渇いた喉に流し込むと、薄くＢＧＭが聴こえてくる。この落語会でしか聴いたことのない、どこか中東あたりのエキゾチックな雰囲気を含んだロック調の音楽。

さあ、いよいよ開演だ。

そして――

主任（トリ）の柳家喬太郎が最後のオチを言う。深々と頭を下げる。一瞬の余韻を残し舞台の照明がすーっと消えると、エンディングの楽曲が流れる。

この〝間（ま）〟が実にいい。某さんは、この瞬間が大好きだ。笑いに笑い（泣くときもある）大団円からのカタルシスを浄化してゆくような楽曲。これも誰が歌っているのかもタイトルも知らないが、南の風が吹き抜けるような歌が、不思議に落語会のフィナーレにふさわしいのだ。

エンディングの楽曲といえば、去年一度、西城秀樹さんの歌が流れた。それは西城さんが亡くなられた直後のYEBISU亭だった。西城さんは60歳の還暦を迎えたときYEBISU亭にゲスト出演されていた。もちろん某さんも観ている。司会のまあくまさこさんとのやりとりで爆笑を取っていたが、脳梗塞のリハビリの苦労も偲ばれた。頑張っている同世代の西城さんの姿に、心より応援したい、と思ったものだった。そのシーンが蘇り、歌声が胸に響いた。

翌日、某さんはYEBISU亭第60回の感想を胸に、トークコーナーの司会も兼ねているYEBISU亭のプロデューサー、まあくさんに会いに恵比寿のオフィスに向かった。

実は某さんは小さな出版社の社長である。皆さんもすでにご存知のように昨今の落語ブームで寄席だけではなく、全国のホールで雨後の筍のごとく落語会が開催されている。そんなホール落語花盛りの先鞭をつけた、とも思われるこの「YEBISU亭」の誕生からその歴史をインタビュウさせていただき、ホール落語のムック本を出そうと某さんは考えていた。

その旨を編集者の知人を通してまあくさんに伝えてもらうと、快く引き受けてくださったのだが、それは、某さんが「今は〝YEBISU亭〟が人生の一番の愉しみです」と言ったことに尽きた。

まあくさんは、編集者であろうとなかろうと、会社員でも専業主婦でも「YEBISU亭が人生の愉しみ」などと言ってくれる方には、何だって応える人なのだ。

恵比寿ガーデンプレイスタワーの高層階にある、見晴らしの良いマーク・アイのオフィスで、まあくまさこさんは待っていた。

いつも舞台上で観るまあくさんは、仕事の出来る方という結構なプロフィールをお持ちなのに、そんな敷居の高さは一ミリも感じさせない、年齢不詳で自分の感じた事言いっ放しの、観る者をハラハラさせる個性的ファッションの女性、という印象なのだが、実際に目の前に見るまあくさんは、舞台と全く同じ。

キラキラ猫のTシャツに、スリムジーンズをブーツイン、デニム生地のキャップを被っている。舞台以上の笑顔満開で「よろしく」と右手を差し出す。やはり年齢不詳だ。

ともあれ、さっそくYEBISU亭についてのインタビュウが始まった。

目次

記念すべきスタートは、首の皮一枚で繋がった、感じ

某（なにがし）さん　わたしは20回目くらいから毎回観てるんですが、YEBISU亭はいつ頃から始まって、第1回というのは、どんな出演者だったんですか？

まあく　YEBISU亭は1999年10月（10日）からのスタートです。第1回はお祝いで会場をガーデンルームではなく上にある大きいほうのガーデンホール（キャパ700）での開催でした。出演は立川談志さん、立川志らくさん、ゲストが市川染五郎（現・十代目松本幸四郎）さん。まあ、何というか、今思い出してもぞっとする第1回でした（笑）。

某さん　えっ、なにかアクシデントが？

まあく　本番当日、談志さんが、「落語やらない」って言うんです。

某さん　えー！

まあく　お迎えに行ったタクシーの中で。談志さんも染五郎さんも当時同じガーデンホールとルームで月イチでレギュラー開催していた「コーセーアンニュアージュトーク」（株式会社コーセーの

スポンサーで20年200回続いた）というトークライブに何度か出ていただいてまして。ええ、それもわたしがプロデュースさせていただいてました。

談志さんの落語を観に国立演芸場にも行ってましたね。いつも楽屋にお邪魔して、必ず〝まい泉〟のサンドイッチをいただいてました。そんなお付き合いもあってお願いしたのです。勿論第一に集客力を考えてですが。第1回でしょ、何が何でも満員御礼にしたいじゃないですか。

で、当日、それまで（トークライブ出演の時）と同じように、根津の談志さんのご自宅にお迎えに行きました。マンションの前でタクシーに待ってもらって、談志さんと二人乗り込んで、いざ恵比寿に出発。と、タクシーが走り出してすぐに談志さん「今日は染五郎としゃべりゃいいんだろ？」。いえいえ、落語をやっていただかなくてはいけません。

「え、聞いてないよ、落語をやるって話は……」

ヤバい！「アンニュアージュトーク」と勘違いしてるんだ！　マネージャーさーん!!　そう、松岡さん（当時のマネージャーで談志の実弟）に事前に詳細を話して談志さんのスケジュールいただきました。しっかり前方に志らくさんもブッキングしてもらいました。染五郎さんとは仲入りの対談コーナーで話していただきます。談志さんが落語で使う座布団も松岡さんが今日持参してくださることになっています。うちの備品に座布団なかったので。というわけで、今日は主任の談志さんがメインです。

いくら説明しても「今日は落語やるって思ってなかったからなあ。やらないよ」である。矢沢（永吉）さんみたく口とんがらがしたまあくが、泣こうが（泣いてはいないが）わめこうが、一旦決めたことをそうそう変える談志さんじゃない。お客様全員にまあくが謝って、チケット代金返せばいいんですよね、と、ふてくされていると、

「そうだ、それがいいよ。こうしよう。今日は、やらない。でもそのかわりに今度、いつでも、まあくの好きな時に談志が落語やってやるよ」

いいです。今日やっていただきたい。

しばしの沈黙。それからはむりくりの閑話休題、いつものように談志さんの深ーい話を拝聴することになる。

話しだしてすぐに、運転手さんに「おい、おれがしゃべってるんだ、ラジオ消せ」。運転手さんあわててラジオのボタンを押す。そりゃそうでしょう、確かに談志さんの生の声を間近に聴いてるんだ、ラジオなんて消すのが当然の礼儀。こっちのほうが100倍面白いし貴重だし。

そのときのお話は、世の中ＤＶだ何だと騒いでいるが、夫婦がサドとマゾだったら夫婦円満なんだよ。談志さん的乱暴な断言から夫婦関係の滑稽さが広がっていく、そんなような話だった。

いちいち妙に納得しながらも、まあく的には、感心してる場合じゃない。記念すべきYEBISU亭の第1回が風前の灯火的なのだ！

某さん　それで……（恐る恐る）どうなったのですか？　本番は？

まあく　ホールに着いて、とにかく談志さんを楽屋にご案内すると、談志さんのご関係の皆さんお待ちになってました。志らくさんも。なのにマネージャーの松岡さんだけ、いない！

わたしが何か言う前に談志さんが一言「今日は落語やんないから」全員凍り付いたように、シーン……ですよ。でもそのとき談志さんのお嬢さんもいらしてて、彼女の一言が〝救い〟でした。「パパ、落語やってよ」。ああ、お嬢様、よくぞおいでくださいました。

それからわたしは、ホールプロデューサーの山本さんたちと頭くっつけて滑った転んだをやってましたら、結局、談志さんが「落語はするが、トリは志らくがやる」。

えー！　談志さんが前方で出てくるの⁉　そんなの前代未聞だ。志らくさん、めちゃくちゃプレッシャーでしょ。でも談志さんの代役、立派にトリをやっていただくしかない。まあお客さんは談志さんが前方で出て来たら、驚くか喜ぶか、そのどっちもか、に違いない。とにかくチケット代を返金する、という最悪の事態だけは避けられたのだ。

某さん　志らく師匠の方はそのときどんな感じでしたか？

まあく　そう、突如責任重大になったのは志らくさんですよね。でもその頃から今と雰囲気はあまりお変わりなくて、楽屋では落ち着いている風に見えました。そのときは、ですよ。

でもね、2～3年前に、志らくさんに出ていただいたYEBISU亭（第55回）のトークコーナーで、その話が出て、ええ第1回の思い出話になったんです。

そのときのゲストの関根（勤）さんに、訴えるようにお話されてました（笑）。やっぱり志らくさんでも「そのときはもの凄く緊張した。プレッシャー、ハンパなかった」って。そりゃそうでしょうね。20年前のまだ若手真打さんの頃ですから。

志らくさんは、何の噺やろうか、凄い考えてた。袖で舞台観てたら談志さんが滑稽噺でわーっと湧かせて、染五郎さんとの対談で、また客席が湧いた。そこで志らくさんは「これでおれがトリだからって下手にリキんで、重い人情噺をしたって、そりゃ粋じゃない。だからおれも滑稽噺（『反対俥』）にしたんだよ。で、またそれがもの凄いウケたんだよな。もう、あんときはシンからホッとした。なのに、このまあくは、打ち上げに行く時、『なんであなたはそんな汚い格好してるの？　染五郎くんはこんなちゃんとしたスーツ着てるのに、ねえ』って、おれに言ったんだよ、もうそんときのショック！　おれ凄い頑張ったのにさあ、ね、酷いよね、まあくは」。

会場は爆笑だったが、わたしは「ぎゃー！　そんな失礼なこと言いましたか？」。

その記憶は見事に消えておりましたが、染五郎さんと打ち上げで美味しいビールをいただいたことは、はっきり覚えています。談志さんですか？　染五郎さんと対談して自分の出番終わったら、団鬼六さんのパーティーに行くから、とか言って休憩の間にお帰りになりました。ええ、ちゃんとエレベーターまでお見送りしました。

今思えば、すでに第1回からYEBISU亭はYEBISU亭らしい、ハプニングスタートを切っていたのですね（笑）。

ええ、談志さんとは懲りずに（笑）その後も親しくさせていただいてました。東京タワー近くのカレー屋さんをプロデュースしたからって、ご案内もらったり、亡くなる数年前までご自分のお撮りになった写真入りのおハガキも何度かいただいてました。

そーいえば談志さんのハガキには、いつも気弱な言葉が一言、入ってましたね……。テレなのか、

〝キョーフの第一回（笑）〟の後も、よく談志さんとはご一緒させていただき、色々お話を聞かせていただけたこと感謝です。（まあく）

と思ってましたが、今思うと意外とそれがホンネだったのかも知れません。
えっ、第1回の時の談志さんの噺ですか？　勿論覚えていますよ。『粗忽長屋』でした。

元祖レギュラーメンバーの一人、たい平さんと初対面で大喧嘩!?

某さん　混乱のスタートを経て、2回目からはどうなったんですか？　たまに喬太郎師匠がトークコーナー「今夜踊ろう」で、〝たい平師匠とまあくさんが初対面で大喧嘩〟の話、しますでしょう？

まあく　ああ、たい平さんと喧嘩ね、確かにしましたね。

某さん　それはどんな理由で？　あ、その前に2回目の出演者の面子(メンツ)は？

まあく　2回目からはレギュラーメンバーが決まっていまして。柳家花緑さん、林家たい平さん、柳家喬太郎さんです。そこに毎回違うゲストを呼ぶ、という設定でした。何故そのお三方になったかというと、当時の落語協会事務局長だった渡辺（哲司）さんという方の強いプッシュでした。

某さん へえー。YEBISU亭は元々落語協会と繋がりがあったんですか？

まあく いいえ、それまでは全然です。当時は恵比寿で落語をやる、という考えは全くなかったですね。

YEBISU亭の元々のきっかけが、主催の恵比寿ガーデンプレイス株式会社（後にサッポロ不動産開発株式会社）の守屋さんと山本さん（ホールプロデューサー）が、知人に渡辺さんを紹介されたことなんです。知人というのはガーデンシネマの支配人だった高橋さんという方です。

わたしはその場にいませんでしたが、男4人が一緒に呑んで、余程盛り上がったんでしょうね（笑）。初顔合わせのその晩に、「恵比寿で落語をやろう！」。それもレギュラー企画を、となったんですから。

恵比寿のような当時若者に人気の街で、落語をよく知らない一般の人たちに、もっと落語を広めたい、という、4人の熱い想いが共鳴したんでしょうね。

渡辺さんにはその後も御大（五代目柳家小さんさん。柳家小三治さん。三代目三遊亭圓歌さん）をご紹介してもらったり、落語界に疎いYEBISU亭は随分お世話になりました。残念ながらお亡くなりになられて、もう久しいですけどね。ピアスにボルサリーノのおしゃれでダンディなスタイルで。えっ？ ホントに落語協会の方ですか!?って感じの方でした。

実はこの渡辺さんのとんでもなく偶然のご縁と、その後10年も経って遭遇するんです。でもその話は後にしましょう。

某さん 協会事務局長である方がプッシュした、ということは、すでに余程実力があったんでしょうね、花緑師匠、たい平師匠、喬太郎師匠のお三方は。

まあく 「絶対将来落語界を背負って立つ、若手ベストスリーだ」と強いご推薦でしたものね。でもまだ時代は〝落語ブーム〟とまでは言えなかったですし。そのメインのお三方も確かに「栴檀は双葉より芳し」的様子はありましたが、「未完の大器」的な部分もあり、でしょ。

今のように、チケットが取れない、なんていうのは、まだ夢の夢、でした。とにかくガーデンルームのキャパ300を毎回満員にする、というのが、プロデュースをお任せいただいた〝まあくの使命〟でしたね。

だからチケットを売るために、落語通だけじゃなく、一般の、落語を生で聴くのは初めて、くらいの皆さんに来てもらわないと、落語ファンの裾野を広げないと、という気持ちでした。それこそ渡辺さんの想いとリンクするのですが、具体的にはまず落語の〝敷居を低くする〟のが大事です。毎回落語界とは別世界のゲストを招いたのもそのためです。そのゲストが皆さんと落語を繋げて

サラリーマンの飲み会、ですか。右より柳家花緑、林家たい平、柳家喬太郎　第30回

くれる、みたいな、ね。

大体わたしがそれまで生で落語を聴いた事がなかった。YEBISU亭をやることが決まってから、新宿末広亭とか行きましたけど。まあ素人です、落語に関しては。

〝落語界を背負って立つことになる〟お三方のことも、それまで全く存じ上げてなかったですし。でも初めてお会いした、そのときのことはけっこうはっきり覚えています。

第2回本番当日ですね。会場のセッティングも終わり、「落語会の照明ってバーン！　て明るいけど、うちはちょいと暗くしたいよね」などとスタッフと話してたら、下手(しもて)の袖の黒幕割って、三人の男登場。

最初に一歩踏み出したのは、黒いロングのジャケットに黒いパンツ、シュッとした出で立ちの小柄な男性。きりりと眉を上げ「お迎えは来ないの?」という表情。あ、あの高名な噺家さんのお孫さんに違いない。

その横には目のぱっちりした、ぷっくり顔。何でもないシャツに何でもないチノパン、普通のジャケット羽織って、短く揃えた髪をかきかき、その大きな目でぎょろりと会場を見回している。

そのすぐ後ろからむっくり現れた小太りは、よれっとしたシャツに、とても労働に適した汚れの目立たなそうな色味のトレーナー。小粒の目をこちらに向けると、密かに白髪の混じったゆるいパーマっ気の頭をひょいと下げてくださった。

その後、スター噺家さんに駆け上がって行く前夜の、柳家花緑さん、林家たい平さん、柳家喬太郎さん。28歳、35歳、36歳の〝春〟でした。

某さん　そこでたい平師匠と喧嘩ですか?

まあく　そこではさすがに喧嘩にはなりませんでしたが、若干険悪な空気は流れたかな(笑)。何だか理由は忘れました。多分細かい事諸々セッティングしていくなかで、まあくが落語の素人って、すぐバレたんでしょう。

それに「ビッグツーショットがホンネでトーク」がウリの「コーセーアンニュアージュトーク」で、毎月、美輪(明宏)さんとか(市川)新之助(現・十一代目海老蔵)さんとか、そういう各界のトップである華やかな皆さんとお仕事させていただいてたのに、落語界とのおつきあいが全くなかった。そんなわたしの落語界に対するコンプレックスの裏返しで、わたしのほうも生意気な態度を取っていたのかもしれません。あとで思えば、ですけどね。

でも、そこで喧嘩してる場合ではないですよね、自分たちがこれからレギュラーで出る落語会、会場は当時オシャレを誇っていた恵比寿ガーデンプレイス内。キャパ３００のチケットは、ほぼ完売している。今ならそのメンバーじゃチケット完売も楽勝でしょうが、20年前です。たい平さんと喬太郎さんは、真打になってまだ間もなかったんじゃないかな。

それでも何が何でも客席を満員にする、これがわたしの役割ですから。その辺のプロデューサーの苦労は、噺家さんには解りません。それでいいんです、演者はね。板の上で素敵な芸を魅せてくだされば、それでいい。で、本番は無事盛り上がって終わりましたよ。

某さん　まあくさん司会のトークコーナーはどうだったんですか？　その雰囲気で大丈夫でしたか？

まあく　「今夜踊ろう」ですね。確か最初の何回かまでは、三人がゲストを迎える、という形でやってました。タイトルは三人の頭文字とって「T・K・Kの今夜踊ろう」でした。まあくは舞台には出てませんでしたね。

まあともかく第2回は無事終わって、打ち上げに行きました。そこでですね、たい平さんと喧嘩になっちゃったのは。

何だか本番終わるまで我慢してたことを、二人して、ガーって言っちゃった！　みたいな。内容ですか？　本当に全然覚えていないんです。とにかくたい平さんが怒って何か言うことに、わたしが反論して、花緑さんが「たい平の気持ちは、解る」とか何とか（笑）。喬太郎さんだけは黙って、ちょいと俯瞰で見てた、そんな感じでした。

実際その後、その話になると喬太郎さんは「ああ、やってんな、どこまで行くのかな（笑）って正直面白がって見てましたよ。まあその後、『まあくと一緒に新宿行って呑んだ』って、たい平アニさんから聞いて。何だよ！　仲いいじゃん！」って言ってます（笑）。

喧嘩っても、それぐらいのもんです。喧嘩はしたけど、そのおかげ（?）で、たい平さんにはその後ホント色々無理聞いていただきました。当時渋谷の宮益坂にあったイタリアンレストランをいっときプロデュースしてまして。そこでわたしが司会のディナートークショーを企画しました。そのときのゲストが、たい平さん、財津和夫さん（チューリップ）、前田日明(あきら)さん（格闘家）。たい平さんは、そんな面子の中で「ボクが出るの?」ってグズってましたが（笑）。「いてくれるだけでまあくが安心出来るから」って、無理言って来てもらいました。たしか客席には吉川（晃司）くんも見に来てくれてましたね。そこで前田さんに紹介する、って話になっていたので。ホント懐かしい話です。

某さん　確かに当時のたい平師匠としては緊張する面子ですよね。

まあく　「携帯でまあくの『たい平くん!』って留守電の第一声聞くと、『海老名（初代三平）のおかみさんか?』って、いつもドキってするんだよ」って。八の字眉毛の困った顔の〝たい平くん〟は、本当に優しい方でした。あ、今も優しい方だと思いますよ（笑）。

今や、たい平くん、なんて言えませんけどね。畏れ多いです。

その頃は、ＹＥＢＩＳＵ亭がもっと面白くなるように、たまに西麻布のバーに４人で集まって、ああでもないこうでもないと〝呑み会議〟しました。ネタ下ろしをして欲しいとか、つのだ☆ひろさんをゲストに、怖い噺特集にしようとか（これは第８回で実現した）、まだ彼らにそんな時間の余裕がある時代だったんですね。

ゲストはイラストレーターの山藤章二。武蔵野美術大学出身のたい平もまあくの似顔絵を描いた　第40回

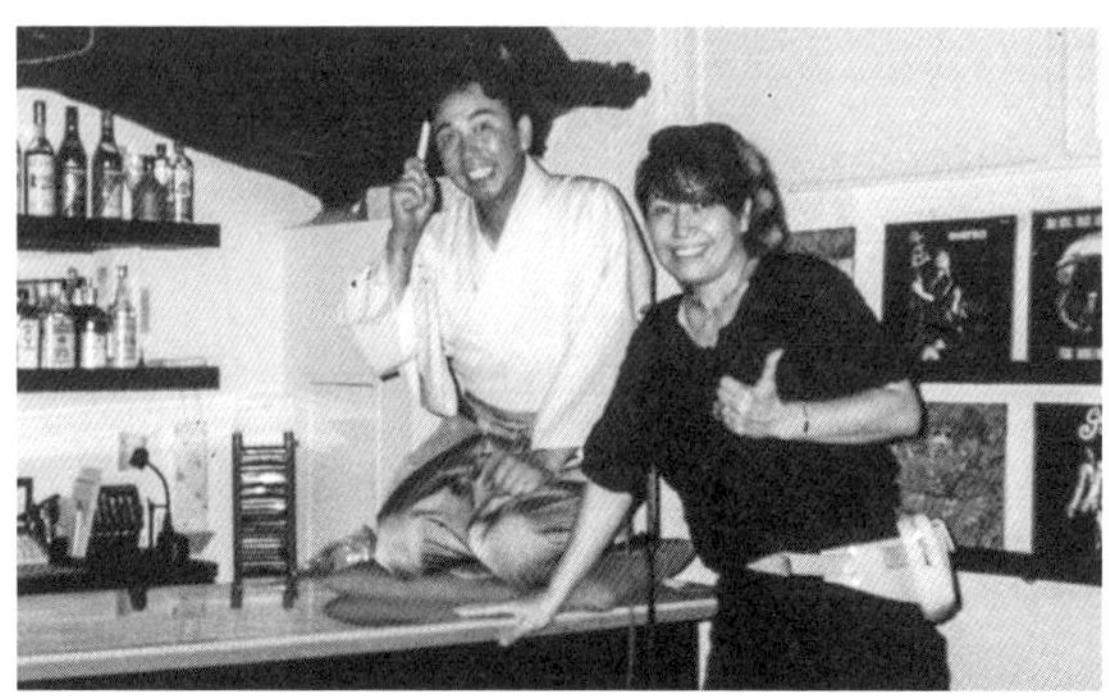

西麻布のバー「マークアイ・セカンド」で、ピンクのカウンターに座布団おいて「至近距離落語会」を開催。たい平、まあく

筑紫哲也さんと奥山コーシン先生（まあくの構成作家の先生）が、“立ちトーク”

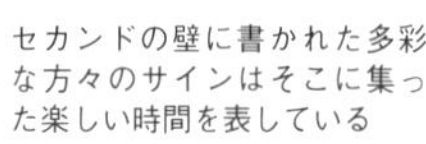

セカンドの壁に書かれた多彩な方々のサインはそこに集った楽しい時間を表している

余談ですが、実はそのバー（マークアイ・セカンド）は、まあくの会社で経営していまして。ええ、マスターはちゃんとしたバーテンダーさん。その人に店を任せていました。YEBISU亭のプロモーション兼ねて月に一度、そこで落語会を企画しまして。皆さん飲んでるそのカウンターの端に座布団おいて、そこで落語をやってもらうんです。「至近距離落語会」。お客様はぎゅうぎゅう詰めていただいて、50人くらいかな。勿論、お三方とも皆さんやってくださいましたよ。花緑さんは当時連載してた読売新聞だかのエッセイに、そのこと書いてくださってましたね。

喬太郎さんもYEBISU亭の時に噺のマクラで

「ピンクのカウンターですよ、その上の座布団目指して膝から飛び乗るんですが、これがひと苦労。噺の途中に遠慮深げなシェーカーの音がシャカシャカ聞こえたりね……」

でもそのあまりに〝贅沢〟な空間で聴いた『幾代餅』や『死神』、『白雪姫と7人の小人』、皆、絶品でした。お客様も、筑紫（哲也）さん、当時うちのクライアントになっていただいてた（化粧品会社コーセー）の小林禮次郎会長とか。（ミュージシャンの）ROLLYさんも見に来てくれたんじゃないかな。とにかく華やかなお知り合いが来てくださってました。演者さんが言うんですよ、ここはいつも客席のほうが豪華だ、って(笑)。
落語会が終わってお客様が居なくなった頃、吉川(晃司)くんが現れて、喬太郎さんやたい平さんとよく一緒に飲んでましたね。そうそう、そんな他にお客様がいない時にやってくださるのが、喬太郎さんの新聞各社の勧誘の仕方の違いを見せるっていうネタ。お店のドアから入ってくるところからやるんですが、もう、その細かい描写がおかしくて。あれこそ最高に贅沢な時間でした。

トークコーナーがまあくまさこ司会になったのは、ゲストの栗山英樹さんがきっかけ!?

某さん　トークコーナー「T・K・Kの今夜踊ろう」から「まあくまさこの今夜踊ろう」になったきっかけは何だったんですか?

まあく　なんというか、いつもウラでやきもきしちゃうんです(笑)。構成どおりのこと聞いたほう

ズンキー 笑いすぎ! まあく、花緑、姿月あさと(ズンキー)、一之輔　第39回

が面白いのにな、みたいな(笑)。いえ、お上手なんですよ、とてもスムーズだし。まあくと違って。でもやっぱり立場上ゲストに気を使いすぎちゃうんです、お三方とも。まあ当然なんですが。

例えば第3回のゲストが現役退いて解説者になってた栗山英樹さん(現・北海道日本ハムファイターズ監督)で、第10回のゲストが故・筑紫哲也さんだったんですが。ええ、「NEWS23」のキャスターを毎晩やってらっしゃる時です。もうお三方は、「へー」とか「そーですか」とか感心しきり、だけになっちゃって(笑)。せっかく落語会に出るんだから、栗山さんなんか解説するための話し方の〝間(ま)〟を教わりたい、とかおっしゃってたしね。

小噺とかやってもらって、そこに突っ込んで〝間〟の話をする、とか。そんな構成をけっこうきっちり書いてましたから。

実際筑紫さんは小噺やってくれましたが、進行役の三人に遠慮があるから何だか中途半端になっちゃって。

当初は、ゲストはほとんどわたしの親しくさせていただいてる方にお願いして出ていただいたので「遠慮なく何でも聞ける、まあくさんが司会やったら?」と、山本さんたちから提案されまして。

「アンニュアージュトーク」でも質問コーナーでわたしが司会させていただいてましたし。それでYEBISU亭も第12回から、わたしが司会になりました。お三方もそのほうが負担が少なくてホッとしてました(笑)。

某さん　栗山さんは今や日ハムの名監督ですが、落語に興味を持ってらしたんですね。

まあく　ええ。例のトークショーだけじゃなく、他のイベントでも何かとお世話になってましたから、そういう野球以外のお話も伺ってましたね。

そういえばその頃から北海道の栗山町というところに少年野球を育成できる栗山村の夢も聞いてました(その後栗の樹ファームとして実現)。おしゃべりのことについてはそれは熱心に研究されてました。

そうだ、その頃やっぱり、栗山くん、って呼んでましたね(笑)。監督になられた時にお花贈っ

「Tango Moderna」ほか、筑紫哲也による題字。抜粋

たら、わたしの携帯にお礼のお電話いただいて。その時もつい「えー、栗山くん!?」って(笑)。

監督になる心境聞いたら、「プレッシャーはハンパない」って絞り出すような声でおっしゃってました。今は余裕さえ見える名監督になられて、頼もしいですね。

そうそう、「結婚しないんですか?」って言ったら、「結婚してたら、まあくさんに言ってますよ」って、深いため息とともに(笑)。今はそのへんのところは全然解りませんけど、ね。

某さん　筑紫哲也さんはYEBISU亭の題字も書かれてますよね。

まあく　はい、レギュラーでプロデュースしたものはほとんど筑紫さんの書です。

同時期ホールで創ってたタンゴのショー「Tango

Ｍｏｄｅｒｎａ」や宝塚トップスター大浦みずきさんのショー「クードゥフードル」も、あのすらりとした綺麗な横文字。ＹＥＢＩＳＵ亭の文字と同じテイストです。

本当に筑紫さんには、何かあればお願いしてましたね、うちのスタッフみたいに（笑）。他にもショーに使うクラシック音楽の相談したり。大御所落語家さんたちが通ったというお店に連れてってもらったりもしてました。浅草の有名なお寿司屋さんとか、同じ浅草の「鷹匠壽」という鳥専門のお店とかね。

元祖レギュラーのお三方の落語は、ＹＥＢＩＳＵ亭のゲストに出たときに、楽屋で熱心に聴いてました。うちのバーの方ではちゃんと客席で聴いてましたよ。噺が終わったら速攻帰ってました、赤坂（ＴＢＳ）へ。

でも西麻布ですから楽勝です。酷いときは、上野の文化会館にオペラ観に行ってましたから。終了後、それこそ素敵なアリアの余韻もなしに飛んで帰ってました。「ＮＥＷＳ23」のスタッフはいつも入り時間にハラハラしていたでしょうね。それか、慣れっこになってたかも、ですね（笑）。

某さん　今も毎回ゲストの顔ぶれも大きな楽しみですが、初期から凄いゲストが出てたんですね。その後は順調に発展していくわけですか？

まあく　著しい〝発展〟はお三方でした。何回目頃かな、レギュラーメンバーのご出演を三人から二人にしていただいたんです。毎回お三方のスケジュールを合わせるのが徐々に難しくなったこともありましたが、一番の理由は時間の関係です。三人だとお一人の持ち時間があまりに短くて、もったいないなと。そう思うくらいお三方の噺のグレードが3年余りの間に、もう飛躍的に素晴らしくなっていったんです。その頃には落語素人のわたしもさすがに思い知ってました。このお三方が将来の落語界を背負って立つ人材だ、ってことを。

爆笑オープニングが始まったのはここから!
昇太さんと喬太郎さんが、カエルとウシのぬいぐるみで登場!

某さん　お三方の他にレギュラーメンバーが増えたのは、やはり二人にしても回せない、と?

まあく　はい。どんどんお忙しくなって、お二人でもスケジュールを合わせるのが難しくなりました。それで、何回目かな、春風亭昇太さんにご出演お願いしました。実は昇太さんとは、その随分と前にお会いしてるんです。

わたしと前田（日明）さんの共通の友達の弟さんの結婚式で、ご一緒のテーブルになって、前田さんが、昇太さんを紹介してくれたんです。それまで、わたしはまだ昇太さんの落語を一度も聴いたことなかったから、「今急激に人気出て来た凄い実力ある落語家さんだよ、ホント面白いから」と、前田さんが熱心に紹介してくださってるのに、わたしは「へえー」みたいな反応で。

その後しばらくして下北沢でやった昇太さんの落語会、行きましたよ。確か『愛犬チャッピー』って噺でした。凄く面白かった。わたしでも、「上手ぃ！」って解りました。その後昇太さんに出ていただいた時（第12回）には、もう誰もが知る大人気の噺家さんでした。

昇太さんが格闘技ファンだというのは結婚式の時に聞いてましたから、ご出演いただいた時に、昇太さんがコレクションしてるプロレスラーの覆面を何枚か持参していただきました。「今夜踊ろう」でそのお気に入りの覆面の魅力を聞いたり、被ってもらったりもしましたね（笑）。他のご出演は元祖レギュラーメンバーの喬太郎さん。喬太郎さんも面白がって覆面被ってました。客席から見たら、落語の舞台で覆面レスラーが二人、異様な〝絵〟でしたでしょうね（笑）。

ゲストは、当時テレビで人気だったパペットマペットさん。ほら、ウシくんとカエルくんのぬいぐるみを持ってネタをされる、ね。わたしがあのウシくんとカエルくんの大ファンでして（笑）。

パペットさんて、いつも歌舞伎の黒衣(くろこ)さんのように黒い布を被っているから素顔が全くわからないでしょ。でも楽屋でご本人見て驚きました。お若いイケメンくんで。ちょっと金城武さんふうなお顔立ちでしたよ。って、言い過ぎか(笑)。

懐かしい(四代目)猫八と白鳥になった喬太郎　第42回

某さん　へえ、その顔ぶれだと、オープニングも楽しいでしょうね。今やオープニングはYEBISU亭の名物の一つですが、その頃から毎回今のようにひとネタあり、でやってたんですか?

まあく　丁度その回からじゃないかな、オープニングを、ゲスト入れてのちょっとしたコント仕立てで作ったのは。わたしの「今夜踊ろう」の司会もこの回が初めてだと思います。

そう、それでその時のオープニングですが、喬太郎さんにウシ、昇太さんにカエルの着ぐるみを着てもらって登場してもらい、舞台袖で、パペットさんがしゃべる。そのしゃべりに合わせて、喬太郎さんウシと昇太さんカエルが動く、という、そんな感じでした。当然ですがお二人が登場しただけで爆笑でしたね（笑）。

某さん　まだお若い時代とはいえ、人気の師匠お二人がウシとカエルの着ぐるみねえ（笑）。まあＹＥＢＩＳＵ亭のオープニングだからこそ、なんでしょうね。わたしたちもいつも爆笑させていただいてます。

まあく　皆さんの期待度が上がっているのは、オープニング前のＢＧＭから客席の〝緊張感〟で解りますね（笑）。その期待に応える為にも（笑）オープニングは、本当に思いついたアイデアを何でも実行させていただいてます。一期一会的に。

ご出演者の皆さん〝快く〟でもないけど（笑）、面白がって演ってくださってますね。本当に感謝です。特に喬太郎さんにはその伝統（笑）を大御所さんになってからも引き継いでいただいてます。その後も葉加瀬太郎さんになってもらったり（第33回）、タイツ姿で白鳥になったり（笑）（第42回）。それだけじゃなくて、アイデアまで毎回もらってますね。本当に喬太郎さんには足向けて寝られません。と、お会いするたび、ご本人に言ってます（笑）。

白鳥さんのセクハラに全員呆然
〜打ち上げもひと騒動！

まあく　次にレギュラーメンバーに入っていただいたのは、林家彦いちさん、その後に三遊亭白鳥さんです。

彦いちさんを初めて観に行ったときは、確かクマが谷に落ちて、駆けまわる！　みたいな噺でした（笑）。凄い勢いで、むりくり観客を笑いに引きずり込む力技という感じ、もうクマが最高でした。

白鳥さんは、YEBISU亭で初めて生で聴いたのですが、何というか、こちらも座布団からはみ出さんばかりの自由奔放、っていうか、奇想天外！　抱腹絶倒！　やりたい放題！（笑）。お二人とも学生時代は空手とかラグビーやってらしたということで、何となく納得しました（笑）。

やりたい放題といえば、白鳥さんが最初の頃に出ていただいた時、終演後の打ち上げ、二次会ですね。かなりお酒入ってたんでしょうね。何の話からか、わたしの胸の話になって（なんでかな？）、そしたら突然白鳥さんが、どうしたわけかわたしの胸を両手で触ったんですよ。ほんの一瞬ですよ。でもそこにいる皆さんは全員、呆然。ポカーン……ですよ。（え、まあくさん

この「ナハナハゲーム」で、オープニングは会場の皆さんもご一緒に盛り上がりました！
三三、せんだみつお、白鳥　第51回

に、そんなこと、えっ、するか？・）みたいな（笑）。わたしもその10年前なら反射的に白鳥さんを殴ってましたが、そのときは、（はあぁ⁉）って。「バカじゃないの⁉」くらいは言ったかな。

喬太郎さんもご一緒でした。白鳥さんを一番よくご存知のね。「あの人はケダモノですから」（笑）と言いつつ、白鳥さんをYEBISU亭に推薦してくれたのが喬太郎さんです。「もう、酔っぱらいすぎだろう！」って怒りつつ（しょうがねえ奴だなあ）的な喬太郎さん。周りは、完全に引いてましたね（笑）。

白鳥さんは、さすがに「ごめん、つい勢

いで」って、自分でもかなり反省してた感はあったのかなあ(笑)。白鳥さんのキャラだから、渋々許しちゃいました。

まあ、もう10年以上も前のことですから、時効ですね。でも(きっぱりと)今も白鳥さんには油断していません(笑)。

某さん 今も、って、白鳥師匠はそれで出禁(笑)にはならなかったんですね。

まあく ええ、その後も何度も出ていただいてて、白鳥さんは元祖レギュラー陣に続く出演の多さです。

その頃(白鳥さんが初登場した頃)ネットに、〝白鳥とまあくのぼけぼけコンビが今後も楽しみ〟なんて書いてあったのを覚えてます(笑)。

某さん そういえば打ち上げはいつもどこでなさるんですか? 近所だとお客様に遭遇したりしませんか。

まあく 今はガーデンプレイスタワーの38階の個室のあるお店です。当時の打ち上げは、代官山のユナイスに行ったりしてましたね。広い店内で貸し切り個室じゃないから、そばに普通にお客様がいらっしゃってましたよ。

噺家さん的には大丈夫みたいでしたが、ゲストのタレントさんに指をさすお客様もいらっしゃるので、のちに個室のあるところに変えたんでしょうね。

デーモン（閣下）さんがゲストの時には、まだ個室じゃなかったけど、メイク落として〝仮の姿〟（笑）になってるから誰も気がつかない。ただ「デーモンさん」とか「小暮さん」（当時はデーモン小暮閣下）とか言うのはＮＧでした。デーモンさんを呼ぶ時は「山田さん」とか「佐藤さん」とか、そういう一番どこにでもいそうな名前を決めて呼ぶ、というキマリでした（笑）。

他のイベントにもよく出ていただいてて、その頃デーモンさんと落合（元中日ドラゴンズ監督・落合博満）さんとご一緒に、「アンニュアージュトーク」で大阪に行ったことありまして。そのときの打ち上げなんか、まあ大阪の気軽さもあったんでしょうね、深夜まで、確か中華のお店でした、呑むほどに、ね。いくら「山田さん」とか言ってても、あの特徴あるお声でしょ、わかりますよね（笑）。それに自らお話の中で「オレはデーモンなんだから」なんてね（爆笑）。

白鳥さんと彦いちさんがマジでビビった本番とは？

某さん　白鳥師匠と彦いち師匠のお二人が格闘技ファンだというのも、実はYEBISU亭で知ったんですよ。昇太師匠もですけど、格闘技ファンの噺家さんて多いんでしょうかね。

まあく　噺家さんではそのお三方以外は知りませんが、お笑い芸人さんは多いみたいですね。格闘技好きの芸人さんて。芸人さんに限らず基本男子は格闘技好きですよね、強い者に憧れるところがあるんじゃないかな。

某さん　昇太師匠を紹介してくださったという格闘家の前田（日明）さんは、特に年代的にも皆さん憧れの方じゃないですか。それにしても落語会のゲストに前田さんは、当時としては、勇気いりますよね（笑）。前田さんが出てらっしゃるのは、資料によると、2009年9月に、3日間連続で開催したYEBISU亭10周年の「YEBISU亭祭り」の二日目ですね。

まあく　YEBISU亭が10周年を迎え、主催である恵比寿ガーデンプレイスさんも15周年を迎え、ではWお祝いを。ということで開催した記念回です。

にしても、このときのスケジュールを見て、我ながら驚きます。翌月の10月23日に例の「アンニュアージュトーク」、すぐ後の11月6日7日に姿月さんの歌とダンスのショー「姿月あさとスーパーコンサート〜Re·fine」をやってますね。出演者側ならまだしも、全ての、企画・構成・脚本・演出・プロデュースやってますから。準備とか稽古とか考えると、きっと尋常じゃない忙しさだったと。ええ、あの頃は年中こういうスケジュールでしたね。

思えばYEBISU亭を立ち上げた2000年くらいからその後10年が、娘たちが手を離れたせいか一番凄まじいスケジュールでした。西麻布のバーをオープンしたのも2000年ですし。ブログを見ると趣味の乗馬もこの頃からまた復活してますね（笑）。業界誌に2本の連載も持ってて、ダンス専門誌には「まあくの観劇（カンゲキ）！ノート」といって、オペラやクラシックコンサートのことをマメに書いてますから、それこそ筑紫さんと一緒にしょっちゅうオーチャードホールやサントリーホールなんかに観に行ってたんですね。そりゃ、落語界のお勉強も出来ませんよね。時間なくて。今更言い訳も何ですが（苦笑）そう思えばほんと喬太郎さんはじめ噺家の皆さんのおかげでYEBISU亭は大きく成長出来たんですね。ほんと、皆さんに助けていただいたおかげです。本当に心からありがとう、です。それ、今ですか、って言われそうですが（笑）。すみません、脱線しちゃって。

某さん　いえいえ、仕事も遊びも大事ですよ。全てがまあくさんの創られるものに反映するんじゃないですか。それが全て結果に出てくる、そういう業界でしょう。芸能界というのは。わたしが偉そうに言うのも何ですがね。で、前田さんの出たという、その3日間連続公演はやはり元祖レギュラー陣がメインで？

まあく それが、色々記念回をやってますが、このときだけ喬太郎さんが出てない。思い出すと丁度地方にお仕事行ってらしたんです、確か。

9月24日の初日出演は、元祖レギュラーの柳家花緑さん、林家たい平さん。ゲストにラサール石井さんに出ていただいてます。

オープニングは、伝説の赤信号コントをやっていただきました。ラサールさんの他は、小宮さん役を花緑さん、渡辺さんリーダー役をたい平さんで、衣装もメイクもそのままに、見事にあの暴走族コント「待たせたなあ」「アニキ、カッコいいなあ」の名作が甦りました（笑）。

その後、確かラサールさんが関西弁で落語『ないもん買い』を。その見事さに驚いたのを覚えています。

で、二日目のご出演が、第二期レギュラーメンバーとなった、三遊亭白鳥さん、林家彦いちさん。で、そこにゲストは、格闘技ファンのお二人だからと、格闘技界のカリスマ、小噺好き（笑）の前田日明さんをお迎えした次第でした。

三日目の楽日は、YEBISU亭関西勢バージョンレギュラーメンバーとして、桂米團治さん、桂吉弥さん。ゲストに、YEBISU亭二回目登場のデーモン閣下。

オープニングで、ステージに登場した閣下は、何と「与作」を歌いだす、という意外！ 大爆笑。とはいえ「与作」がまた上手い！ 閣下のあのお声ですから。

で、「今夜踊ろう」では、閣下に「講談」に挑戦していただいたのですが、このくだりはまた後ほど話します。

某さん　そうですね、二日目の前田さんゲストの回が無事に終わったのか(笑)。気になりますね。

まあく　ですよね(笑)。で、二日目の前田さんですが、前田さんも何十年も前の現役の頃からの古い友人です。例のトークショーにもお相手を替えて何回も出演していただいてましたね。うちの次女がまだ中高生の頃、わたしが忙しいときとか、前田さんが学校まで迎えに行ってくれて、近所の、よく行く白金のトンカツ屋さんとかに連れてってもらったりしてました。

それも後に次女から聞いて知る、みたいな(笑)。たまに恵比寿の自宅にも、そう、吉川くんたちと一緒に遊びに来ていて、うちの夫に「いつもまあくにお世話になってます」って、ちゃんと挨拶してましたし(笑)。そんなふうだったから、前田さんを普段は〝前田〟って、普通に呼び捨てにしてたんですね。勿論舞台では〝前田さん〟って、ちゃんとさん付けで呼んでましたよ。

前田さんの小噺好きも知ってたし、格闘技好きの彦いちさんと白鳥さんお二人ご一緒の出演の時に、ゲストに出てもらったんです。

前田さんが総合格闘技大会「ジ・アウトサイダー」を始められた頃かな。確かに年代的に前田さんの全盛期も知ってるお二人ですから、ゲストのお名前を告げた時は、感激っていうか、仰天なさってましたよ。「えっ！　あの前田さん!?」って。少し怖がってるニュアンスもあったかな（笑）。

某さん　凄く面白そうな回ですね。

まあく　でもYEBISU亭においでになるお客様でしょ、実はちょっと心配もあったんです。前田さんは確かに小噺のネタいっぱい持ってるんです、ただ下ネタ的なものが多い（笑）。でも基本的には、読書家で、書評書いたり小林秀雄を論じる、なんてお仕事もなさってて、日本古典文化にも造詣が深い。だからそちら方面に期待して出ていただいたんです。

で、当日、彦いちさんと白鳥さんと楽屋にいたら、前田さんが入って来て。わたしはいつものように「あ、前田おはよう！」って。前田さんも普通に「ああ、まあく、おはよう」みたいな。

途端、お二人が目を剥きました（笑）。「前田、って、呼び捨て……」と、小声で呟いてましたね、白鳥さん。

彦いちさんは（え、大丈夫なの？）のお顔。すぐに前田さんをお二人に紹介したんですが、お二人とも緊張感いっぱい。それでも構成打ち合わせしながら前田さんが挨拶代わりに小噺何個か披露したら、爆笑になって、すぐリラックスな雰囲気になりました。

前田さんが舞台に立つ用のお着物は、うちでお相撲さん用をレンタルして、彦いちさんと白鳥さんが、お二人で着付けしてくださったと思います。

それでいよいよ本番。オープニングは、白鳥さんが黒いタイツにタイガーマスクの覆面つけて、彦いちさんがレフェリー風衣装で登場。そこに前田さんが噺家さん風に着物姿で現れる、という。まあそのパターンです。

その後の展開は忘れましたが(笑)出オチで正解、みたいなオープニングです。

問題は「今夜踊ろう」のトークです。前田さんはコワモテに見えるけど実は凄いサービス精神のある方で、話すうちにやっぱりね、下ネタ小噺が出てくる、それも長い。

わたしがやっと切って、白鳥さんたちに振っても、二人とも遠慮して、前田さんに話させようとする。前田さんもノって、次々と。

そのうちに白鳥さんだか彦いちさんが「まあくさんとは随分長い付き合いなんですよね」と振ったものだから、またサービス精神旺盛な前田さんが「昔ね、まあくが……」と、話し出した。

大体こーゆー場合前田さんから出てくる話は解ってる(まあくから夜中に電話があって『あるイ

ベント会社の社長に腹立つこと言われたから今から殴りに行こう』と言われて、車でまあくの事務所に行ったら云々〜の、これまた何十年前の時効の話。言うたびに『そのときオレは翌日試合で』とか『試合終わった後で肋骨折れてたのに』とか、どんどん前田の負担が膨らんでいくのだ）。

そんな話ここでされても、でしょ（あ、殴ってはいませんよ、勿論）。わたしは思わず「前田、よけいな事言わないでね！」って、言っちゃった。その一瞬、二人揃って（多分観客全員も）前田さんの顔を伺う感じ（どうしよう！）。そこで、前田さん素直に「ハイ」（爆笑）。

ホント、ちょいと困ったけどさすが前田さん、とても面白い回になりました。その後、彦いちさんと一緒に前田さんの「ジ・アウトサイダー」観戦しに行きましたよ。

そこにはYEBISU亭で見せた〝H小噺大好きお兄ちゃん〟とは別人の、大勢の若き未来の格闘家を仕切る、風格ある主催者、前田日明の姿がありました。

もはやビール、の白鳥、まあく。
もはや格闘家二人。前田日明　彦いち

花緑さんファンが激怒！『あの失礼な女を出せ！』

某さん　元祖レギュラーのひとり、柳家花緑師匠は若くに真打になられた方ですよね。素顔はどんな方なんですか？

まあく　テレビなんかのご活躍も早くからなさってましたから、最初は、こう、スター然としたポーズがありました。でも何回かお会いするうちにそういうポーズもなくなって、気さくな好青年に変貌してました（笑）。（五代目）小さんさんの孫という事でもあり異例の若さで真打に昇進した、という話は有名ですが、ご本人がそのことを一番身にしみて、負い目に感じてたと思いますよ。だから真打になってからの努力は大変なものだった、と推察しました。

某さん　そういう話もトークコーナー「今夜踊ろう」でなさったんですか？

まあく　いえ、一切してません。花緑さんに限らず、そういう感動秘話みたいなものとか、落語とは？　みたいな抽象的な〝印象派〟のような話は、それこそ噺家の皆さんご本人や、名だたる落語評論家の方々が、本で著してる。皆さんそれ買ってじっくり読んでますよ。

インタビュアーが〝深淵〟な顔して質問し、それに答える噺家さんのお顔や手元の扇子や手ぬぐいをアップで撮ってインサートする、そんなテレビ番組も多々あるでしょ。そういうところでお聞きになればいい。

意外とツーショットは珍しい。花緑（右）とまあく
第20回記念第三弾

「今夜踊ろう」は、あくまで具体的に聞いて、気がつけば意外と深い話をしてもらってた、くらいの勢いでやってます。

　第17回だったか、花緑さんと楽屋でこんな話をしてましてね。

「僕、ホント、もの知らないんですよ。〝はめ殺し〟っていうのも、えー、何だろう？　何か怖いな、って思ってたんです」

「えー！　〝はめ殺し〟って、開けられない窓のコトですよ、えー！　そんなことも知らなかったの？　噺家さんなのに」

「そーなんですよ、窓だったんですよね。いやけっこう知らない事いっぱいあって、学校にちゃんと行ってないで、この世界入ったでしょ、だから基本のことが、すかっと抜けてるとこ、あるんですよね」

「まあ、そんなことはこれからいっぱい本読んで頑張って勉強すればすぐ覚えるんじゃないですか。本だけ、勉強だけ、じゃあ身に付かないことのほうが多いし。むしろそっちが難しいんですよ」

で、本番でつい言っちゃった。

「花緑さんは落語家さんなのに、ほんとモノ知らないんですよね」

観客の皆さんから爆笑が起こったのは、多分、話の流れから、わたしのその言葉に納得する部分があったからなんでしょう。でもあくまでもジョーダン含めて、ですよ。

その「今夜踊ろう」の後に15分の休憩が入って、落語、という順番なんですね。で、「今夜踊ろう」が終わって楽屋に戻って、いつものようにロビーへ出ようとしたんです。来てくれた知り合いに挨拶するためにね。

そしたらロビーに出るドアの前に山本さん（前出のホールプロデューサー）がいて、「まあくさん、今出ちゃダメ。花緑さんのファンらしい男性が受付に来て、まあくさん出せ、って凄い怒ってるから」って。

「はあ？　なんで？」

「『師匠に〝もの知らない〟とは何だ、あの失礼な女を出せ』って。今にも楽屋に怒鳴り込んでくる勢いだよ」

（ガーン！　マジですかあ！）

そこにドアが開いて、林口さんが入って来た（林口さんとは、主催者であるガーデンプレイスの当時のYEBISU亭担当。身長180センチ、早稲田大学で柔道やラグビーをやってた方で、前田さんの弟分のようなガタイをしている）。

「まあくさん、出なくていいよ、こっちで対応するから。まあくさんに文句あるなら、『料金お返しますからお帰りくださってけっこうです』って言いますから」

さすが、ガーデンプレイス太っ腹！　ヨッ！

山本さんも、「そうですね、そうしましょう。僕も行きます」と、二人でロビーに出て行った。

それで、どーなったか心配で、舞台袖にスタンバってるホールの進行スタッフである清水くんに、様子を見てきてもらうことに。

「どう？　怒ってたおじさんて、帰ったの？」

「いえ、客席に戻ったみたいですよ」

そんな騒動は、楽屋で準備をしている花緑さんは知るよしもなく、次の落語への心づもりに余念がない。そう、このあとの噺は、花緑さんなのだ。

休憩終わりのコメントが流れ、客席暗転、出囃子が入る。舞台に花緑さん登場。マクラは先ほど

の「今夜踊ろう」の話から入って、

「あのまあくさんて、面白いでしょ。僕も大好きなんですよ。でもね、時々シャレのわかんないお客がいて、楽屋に怒鳴り込んでくるんですよ、なんだあのとんでもない失礼な女は！って」

会場大爆笑。舞台袖で聞いてたまあくは、あまりの内容のタイミングの良さに、笑うより心配になりました。大好きな師匠に「シャレのわかんないお客」にされちゃった方のお気持ちを慮ると、ねえ。

そのときの噺『死刑台のカツカレー』は秀逸でした。「花緑さん、上手くなったね」と、エンディングの花緑さんを見ながら山本さんが呟いていました。

ご本の勉強、それ以外のお勉強の成果が噺にはっきり見えて来た頃でした。

それからずうーっと後の2017年、花緑さんは自分が発達障害であったことをカミングアウトします。

「小さい頃勉強出来なかった、本を読めなかった、漢字を覚えられなかった。その元の原因を知った時の衝撃。でもそれが解ったことで、より前向きになれた。落語家という職業に就けたことを感謝している」と、花緑さんの本に書いてあります。

そうだったんだ。本当に凄い凄い頑張ったんですね、花緑くん、いえ花緑師匠。

デーモン閣下を講談に初挑戦させちゃった！

某さん　YEBISU亭のゲストについては、豪華さと多彩さだけでなく、ゲストが寄席芸に挑戦する、とか、コラボレーション的なものも興味深いですよね。

まあく　はい、印象深いのはデーモン閣下が二度目の出演の時（2009年9月26日の回）に挑戦してしてくれた「講談」ですね。一回目の時（第18回）は「大喜利」に挑戦していただきました。もち、台本（ホン）なし、のね。その時の噺家さんのご出演は、たい平さんと喬太郎さん。

オープニングでは、当時お手伝いしてもらってた柳家初花（しょっぱな）くん（花緑さんの元お弟子さん）に派手なジャケット着せて、歌のイントロとともに「歌は世に連れ〜」みたいな司会をしてもらい歌へ。

まず喬太郎さんが「ホテトル音頭」。ええ、そんなふざけた歌唄ってたんです、喬太郎さん。続いて、たい平さんが「芝浜ゆらゆら」。真面目な顔で唄ってました。で、デーモン閣下の名曲「縁」（えにし）ですよ。閣下は多分唄いづらかったと思いますが、歌の素晴らしさが引き立ったのは確かでした（笑）。

アンケートに、「初めてデーモンさんの歌を聴きましたが、感動いたしました。なんというタイトルですか？　CD買いたいので」なんて感想、けっこうありましたから。

確かにYEBISU亭ファンのお客様がそうそう悪魔の黒ミサ（聖飢魔IIのコンサート）に行ってないですよね(笑)。でもそういう広がりはYEBISU亭ではよくありますね。悪魔の黒ミサ通ってる方もアンケートに「落語って、ちょー面白いですね。また見に来たいです」みたいな。で、「今夜踊ろう」で閣下に大喜利に挑戦していただきました。お客様からお題をもらう、という、ホンなし、ガチです。閣下は「首投げでキリンの勝ち」とか、なんか噺家のお二人より面白いお答えなさってました(笑)。「『大喜利』なんて噺家はみんな苦手だよ」と、たい平さんボヤいてたけど、作家が入ってるとはいえ、今は「笑点」ですからね(笑)。

閣下には二度目のご出演でもオープニングで唄っていただきました。その上「今夜踊ろう」で、「講談」にチャレンジしていただいたんです。先程お話しした、「10周年記念回」でのことです。っていうか、わたしがむりくりお願いした様なものですが。あのお声だから、絶対講談に合う、と確信してましてて。

ただお稽古の時間がない。打ち合わせの段階でマネージャーさんに詳細をお話しして、当日閣下にかなり早めに楽屋入りしていただきました。そこで楽屋で神田京子さんに講談の稽古を付けていただきまして。ええ、あの神田京子さんです。わざわざ閣下の講談指導のためだけに、おいでいただだきました。

そして本番、閣下の『忠臣蔵～討ち入りの場』は、それはそれは、まあお見事でした。「さっき急にまあくに無茶振りされた」と、やたら閣下のエクスキューズが入りましたが(笑)、観客の皆さんの、会場割れんばかりの大拍手。

ご本人もこれはいける、と手応えをお感じになったんでしょうね。その後、閣下の邦楽コラボの舞台に「講談」風語りが入ったことでした。

上妻宏光の津軽三味線名演奏が奇跡をおこした！
白鳥『雪国たちきり』

某さん　津軽三味線奏者の上妻宏光さんも毎回噺家さんとのコラボが見事ですね。

まあく　三味線と落語とは元々相性がいいですし。上妻くんは、ゲスト最多出演者です。そうですね、上妻くんともやはり長いお付き合いです。

デビューしたての頃、まだ高校生だった長女から「凄い素敵な三味線弾く人がいるよ。聴いてみて」と、上妻くんのデビューCD「AGATSUMA」を渡されまして。それからすぐ娘と二人でライブに行きました。そこから、ですから。上妻くんも確かデビュー20周年、でしょ。世界的に活躍するスターさんになっても、最初に娘と一緒に会ったときのまんま。気取りなくて、何でも頼める、頼りになるお兄ちゃん、て感じです。

それになんといってもあの圧巻の三味線演奏、YEBISU亭以外にも、ついここぞ、というイベントのときには、上妻くんにお願いしちゃいますね。

最初の上妻くん登場は、第19回、14年前ですか。出演は喬太郎さんと〝問題〟の白鳥さん。実はこの回、「客席放浪記」というブログに逐一出ていて、先日偶然それ読んで、当時のYEBISU亭を鮮明に思い出しました。あまりに面白くて貴重な内容なので、許可をいただきましたので、そのままここに転載させていただきます。

まあく　この『雪国たちきり』は、上妻くんの津軽三味線演奏が白鳥さんの落語に起こした奇跡のようでした。

ブログ「客席放浪記」より

オープニングコント。中学校の学校寄席といった設定。授業開始のチャイムが鳴って柳家喬太郎が今日は寄席教室ということで、寄席のお囃子さんを紹介することに。出てきたお囃子さんは白鳥ウメさん（おばあさんのカツラを被った三遊亭白鳥）。三味線を持って出てくるが、今日は弟子を連れて来ているという。それが上妻宏光。

まずは、上妻に軽く弾いてもらう。
喬太郎「ダメだね。心地よいもん」
今度は白鳥に「歌丸師匠の出囃子弾いてもらえる？『大漁節』」
白鳥が弾いたのは口三味線だけど、どう考えても、これは『東京音頭』。
喬太郎「いいねえ、むかつく三味線だもん。落語とはバトルだからね、これからやろうという気になる」

こんなベタなコントがしばらく続く。白鳥が「いつもこんなコント演ってるわけ？　いつまでこんなコント演るの？」　喬太郎「（ボクは）この会出ること多いんだけど、花緑兄（アニ）さんも、たい平兄さんも、彦いちさんも喜んで演っているよ。嫌がっているのは昇太兄だけ」　白鳥「背も小さいが心も小さい」

続いて喬太郎さんの落語。

「上妻宏光さん、カッコいいでしょ。恵比寿にいてもおかしくないじゃないですか。そこへいくと、白鳥、喬太郎は合わないでしょ。一度ウチアゲの場所が代官山ってことがありましたが、行っちゃいけないでしょ、わたしらは」

柳家喬太郎は、そんなマクラをふりながら『東京タワー・ラブストーリー』（武藤直樹・作）。

39歳の独身男・ひろしが、ネットで知り合った23歳の女性・リカちゃんとデートすることになる。前半はこの男が先輩にどこへデートに行けばいいか相談する場面。ここでかなりの笑いを取る。東京に住んでいると、このへんのギャグが大いに受けるところ。後半はいよいよ、ひろしとリカちゃんの東京タワーデート。ＪＲ浜松町駅で待ち合わせて、東京タワーへ。タクシーで行こうと言うひろしにリカちゃんは歩いて行きたいと主張する。「一歩一歩歩いて感じたいの、土踏まずに」　そして東京タワーもエレベーターではなく徒歩で登りたいというリカちゃん。「一歩一歩噛みしめて登りたいの、土踏まずに」　ヘトヘトになって登って行くひろし。そして、登りついた展望台で待っていた事とは……。

落語協会の新作落語台本募集で応募された噺にしては、まるで喬太郎が作ったと言ってもおかしくない、喬太郎ワールド。

まあくまさこの司会によるトークショー『今夜踊ろう』。どこかすっ飛んでいるまあくさんという女性のキャラクターが、トークショーを引っ掻き回している感じ（笑）。この日の出演者喬太郎、白鳥、上妻宏光を相手に仕切っているのだが、さらに白鳥がボケをかますので、話がとんでもない方向へ。なんとか話を正常な方向に持っていこうとする喬太郎が可笑しい。

白鳥「初めて北海道へ行きまして、ウチアゲで毛蟹4匹ぼくにくれまして」
まあく「えー、普通三匹ですよね」　喬太郎「……」

そして謎かけ。白鳥、喬太郎、それに上妻宏光まで参加。お題は三味線。
白鳥「三味線とかけて、まあくさんととく。そのこころは、バチあたり」
喬太郎「三味線とかけて、酒飲みのもう一本ととく、そのこころは、チョーシのキメが気になります」
上妻「三味線とかけて、順番を待っている外国人ととく。そのこころはジョンから（じょんがら）どーぞ」　さすが二ツ目よりうまい。それにしても上妻宏光まで笑いのセンスがあるとはねえ。

このあと、三遊亭白鳥が『たちきり』を演るという知らせがある。
「ボクは古典を作り変えちゃうと言うことをやりますが、これはキッチリ演ります。地元の新潟県高

「客席放浪記」より

田の83歳の芸者さんのために何か落語を作ってくれって言われたんですけど、そんなの出来ない。それで落語に詳しい人に相談したら、上方に『たちきり』という噺があると教えてくれまして。舞台を上方から高田に移した噺にしまして……」

するとすかさず喬太郎「お前さあ、東京だってお演りになっている師匠たくさんいるだろ。ウチの師匠（柳家さん喬）とか、入船亭扇橋師匠とか。楽屋で聴いたことなかったの？」

白鳥「オレ、人の落語聴くの嫌いなの！」

こうして仲入り後に始まった三遊亭白鳥の『雪国たちきり』は見事だった。

「作り変えていない」と言っても、そこは白鳥、雪国高田を舞台にすることによって大きく変わったと言っていい。定吉の話す信濃川の綱引き→ささくれ立った竹でバシバシ。直江津の海にみかん船で出て鮫に襲われ食べられる→鮫にささくれ立った竹でバシバシは、まさに大笑いの白鳥ワールド。

そしてラストの上妻宏光の三味線が入る若旦那の告白場面。『こんな雪国なんて嫌だ』なんて言ったら、『雪が降ると泥だらけの汚い道も、真っ白にしてくれるじゃない』なんて言っていたよな」

この台詞ひとつで雪国の世界が頭の中に浮かんできた。そこへ上妻宏光の津軽三味線が。

こんなダイナミックな『たちきり』はかつて聴いた事がなかった。すごいな、白鳥。

掲載以上

「客席放浪記」より

日野皓正さんのトランペットが流れる
～喬太郎さん書き下ろし『月夜の音』～

某さん　白鳥師匠の真面目な噺。それはぜひ聴いてみたかったですね。

まあく　あれは上妻くんの津軽三味線演奏が入ってこそ完成された噺だったんでしょうね。YEBISU亭の伝説の一つかもしれません。

某さん　伝説、といえば、喬太郎師匠がYEBISU亭のために書き下ろした噺もありますよね。やはり上妻さんの三味線が、噺のクライマックスに入ってくる。伝説的名シーンでした。確かガーデンプレイスの20周年記念回でしたね。

まあく　ああ、2014年の12月ですね。YEBISU亭的には第44回でした。実は、この喬太郎さんのYEBISU亭のために書き下ろしたという新作落語『月夜の音』、最初は2010年の3月に開催されたYEBISU亭30回記念回で披露されたんです。

　ゲストは日野皓正さん。あの世界的にご活躍のトランペット奏者の日野さんです。『月夜の音』は、最初は三味線ではなく、トランペットの〝音〟だったんですよ。

30回記念ということで、元祖レギュラーメンバーの花緑さん、たい平さん、喬太郎さんのお三方が揃ってのご出演。会場は、20周年回もそうですが、大きいガーデンホールの方で開催しました。オープニングは、ホールではこそ、このお三方が揃ってこそ、という演出をさせていただきました。実は、その回のことも全て詳細にブログに書いてくださってた方がいまして。

まあぁく的には忘れてた部分も、もうこれ読んで懐かしく思い出しました。

オープニングから、日野さんの名人的小噺、喬太郎さんの書き下ろし新作『月夜の音』まで細かく書いてくださってます。

というわけで、以下「ざぶとん亭～席亭風流日記」より掲載させていただきます。

©MARK&I

「ざぶとん亭～席亭風流日記」より

記念回はゴージャスに、
オリジナルメンバーの三名人に、ジャズ界の大御所！
オープニング、
舞台上手から現れた日野皓正の吹く『スターダスト』に乗り
スーツにボルサリーノハットをかぶったたい平、花緑、
そして、喬太郎が客席センター通路に登場。
ハリウッドスタイルで決めまくる花緑ちゃんたいちゃん、
ぽっちゃり体系が、マーロンブランドを思わせるキョンキョン。
驚く客席から拍手と笑い声が起こる。
一旦、ポーズを決めた後、三師匠、舞台に。
メロディに合わせ
花緑ちゃんのムーンウォークからブレイクダンスが見事。

日野さんのトランペットで
ダンディーに登場

たいちゃんの、口トランペット〜コケコッコーも楽しく決まり、巨匠、日野皓正さんをリスペクトしながらのオープニングトーク。「ジャズと落語は、間とアドリブが似てるよね」で合点。皓正さん、小さんの『うどんや』が好きだった、と回想。圓生も聴いたし、最近では三枝師匠の新作も聴いているとのこと。

花緑「ぼくらの名前が全然出てこない」（笑）
オーセンティックでスタンダードなくくりが得意なアップスケールな会だけに、客層も年配中心。ナイスミドルやシルバーが目立つ。
（略）

さて、落語の始まり、
ここからはちゃんと師匠って呼ぼうっと。
たい平師匠は、ニニロッソにあこがれていた小学五年生、近所のおじさんが競馬で当てた賞金でトランペットを買ってくれた思い出から『宿屋の富』。

トリでの『月夜の音』が心配だが、
とにかく今はカッコつけないと、、、

おみごとな一席。
花緑師匠は、マクラは、バンクーバーネタ。
メダル取れなくてもいいんです。あそこに行けるだけで凄い!
ですから、今日も日野皓正さんと一緒に出られる僕たち三人が凄い!
皆さん、三人比べて、僕だけつまらないとか言わないように。
スケートの織田くんみたいに、僕も羽織の紐切れたら泣きます。(爆笑)
演目は音曲も踊りも入った得意技『片棒』!
たい平、花緑共に名人芸。
この後、この会迷物(笑)『まあくまさこの今夜踊ろう』トークコーナー。
ここでビックリしたのは、巨匠日野皓正の小咄!
ジャズマンならではのリズム感ある洒脱な逸品。
ディキシーからスウィングへ流れるジャズの王道に、
チャーリーパーカーがデイジーガレスピーと共に始めたビーバップ。
当時誰もわかってくれない。
「チャーリー、パリに行けよ!」
芸術の都パリならわかってもらえるさ、と出かけたが、
やっぱりわかってくれない。

「ざぶとん亭〜席亭風流日記」より

自殺しようとビルの屋上へ。
死ぬ前に一曲吹こうと、
♪Somewhere over the rainbow……
と『虹の彼方に』をワンコーラス吹きはじめたが、
ブリッジのメロディがわからなくなって
ビルから落ちてしまった。救急車に運ばれて
サイレンが♪タラララーララー、タララララーラーと鳴った瞬間、
「お！　このメロディだ！」
そんなこんなで、ゴージャスなプログラムの前半終了。
お仲入り。

さあて、後半が、いよいよ喬太郎師匠の登場、
この夜YEBISU亭30回記念での特筆すべき出来事が起こるのです。

珍しく客電を落とし
喬太郎師匠が語り出した噺とは、この日の為に作った新作。
『月夜の音』

三ヶ月前に閉店した池袋の場末の居酒屋『足（あし）』
年寄りのマスターの人柄に惹かれて
数は少ないが、常連客に愛されていた。
店名の『足』は、酔った千鳥足からの命名。
「ふつう、ちどり、の方を取るでしょ。」（笑）

今日は、久々に、内装もそのまま残っている店内に常連が集まり、
マスターの古稀の祝いを兼ね、懐かしい顔を見ながら飲もうというご趣向。
カウンターの向こうに料理担当の二人の常連。
あっちゃん、42才独身女性。
やまちゃん、48才独身男、
他の常連客に夫婦みたいだぞ、一緒になっちゃえよ、と囃し立てられる。
気の良い仲間たち。

あっちゃん「これ、やまちゃんが作ったのよ、食べて。」
常連客「おー、美味いね、、」
旨いのになぜか、みんな浮かない顔。

「ざぶとん亭～席亭風流日記」より

あっちゃん「ねえ、美味しいとダメなのよ」
「このかぶと煮、鯛なのよー」
「そんな上等じゃダメなんだよ、ここのかぶと煮はイワシじゃなくちゃ」

海老の身のない鬼殻だけ焼き
すり身にしてないしんじょう
残りの刺身を煮付けた五目煮

「女将さんが生きていた頃は美味かったのに、、
死んでから、まるで味がダメになっちゃって。」

やまちゃん「これ、あっちゃんが作ったの。不味いよー。食べてみて。」
常連客「やまちゃんコレだよー。この店の味だよ。このまずさ！
もはや味ではない。」（笑）
「あっちゃんが作るとまずくて、いいねー。これこそ、この店の味だよー。」
池袋の片隅のまずい小料理屋
なぜだか心寂しい人たちが集まってくる。

「閉店して三ヶ月、みんなどこに行っちゃったんだろう」

「こうやって時は過ぎて行くんだね」


やまちゃんとあっちゃんの会話は続きます。

不味い料理の準備ができた頃
カラカラ〜ンと懐かしいカウベルのついたドアが開き
常連客がやってくる。そして、
常連客なべちゃんが、マスターを連れて帰ってくる。
マスターは、今は甲府に移りひとり暮らし。
今夜は東横イン池袋店に泊まる。

「マスター久しぶり〜。」「七十歳おめでとうございます!」

「やっぱ、この店がないとねー。」

乾杯〜!

あっちゃんの作った、不味い料理をつまみながら、
マスター「うん、このまずさ、懐かしい、、

「ざぶとん亭〜席亭風流日記」より

死んだかみさんの味。。」
一同「えー！！」
マスター「へへ、実は、前のおいしかったのが、俺の味。」
一同「え、えー！！！」
マスター「なんか、女房の味が懐かしくて真似してたんだ。
お、この鯛のかぶと煮は俺と同じ味だよ。」
あっちゃん「それ、やまちゃんが作ったんです。」
懐かしい顔、懐かしい話題で盛り上がり
やがて終宴。

店内には、やまちゃんとあっちゃん。
「おつかれさま」
「洗い物も一段落」
口と料理は不味いが、なんか家庭的なあっちゃんに、
やまちゃんは好意を寄せているようであり、
あっちゃんもやまちゃんにゾッコンなようである。
あっちゃん「みんな帰ったわね。ところで、他の常連客はみんな近くなのに、

やまちゃんだけ、遠くから通ってたわよね。」
やまちゃん「鶴見線の国道駅」
あっちゃん「どうして?」
やまちゃん「なんでかな?美味くて小綺麗な店はどこにもあるけど、なぜか…。」
あっちゃん「マスターに会いに来てたんでしょ。」
やまちゃん「……あの人…俺のおやじなんだ。。」
驚く、あっちゃん、
驚く、客席!
ここからトーンがぐーっと変わってきますよー。
(台詞は、うろ覚えだから実際とは違うからね。)
マスターの前妻がやまちゃんの母親。
古稀のマスターと48才のやまちゃん。
マスターが22才の時の子供。
「調べたんだ。ここで生きてたんだ。」
「それで、いつも顔見に来てたんだ。もっと近くに住めば良かったのに。」
「毎日顔見たくなっちゃうだろ。
それに、鶴見線くらい離れていると、ちゃんと帰らなくちゃと思うだろ。」

「ざぶとん亭～席亭風流日記」より

「マスターはこのこと知ってるの？」
「知らないはずだよ。俺ができたのも知らずに別れたんだと思う。
若かったろ、夢を叶えたかったらしいんだ。」
「夢って？」
「これを見てごらん」

店の棚の扉を開けると
古びたトランペット。

「ジャズ、やりたかったらしいんだ。」

一度プレイヤーとして芽が出そうになったが
夢は叶わなかった。
「あきらめると捨てるは違う」

ならばと、ジャズバーを夢見て店を出したが、
次の奥さんがジャズを嫌いで小料理屋に。

「今夜踊ろう」

しんみりする二人。
「今夜は飲み明かそうか」
父の叶わなかった夢を思いつつ、酒を酌み交わしていると、
時間は過ぎてゆく。

夜中の三時。
どこからともなくトランペットの音が。
ふと外を見ると東横インの屋上でマスターが
(そうです、最大の見せ場、客席で巨匠、日野皓正の演奏)
名曲『As Time Goes By』

中盤の台詞「こうやって時は過ぎて行くんだね」と呼応して
胸に染み入る。

名人・喬太郎師匠の心温まる、過ぎ去った夢へのオマージュと
巨匠・日野皓正さんの素晴らしいソロ。

「ざぶとん亭〜席亭風流日記」より

やがて、せつなく消えてゆくトランペットの音……。

サゲでは、
やまちゃんが、あっちゃんにプロポーズ。

「結婚しようか」

「え、うそ、ホント？」

「トランペッターの息子だよ……（嘘を）吹いたかな（笑）？」

きっと結ばれるだろう、この二人への祝いを胸に抱きつつ、
観客から大きな拍手。

YEBISU亭30回記念の
あったかあい高座でした。
長文おつきあいありがとう。
キョンキョンのしみじみ遺伝子たまりませんなあ。

（日記原文のまま掲載）

掲載以上

「ざぶとん亭〜席亭風流日記」より

まあく　（ざぶとん亭さん、メモ、大変でしたね。ありがとうございました）

月夜に響くトランペット。これ読むと聴こえてきますね。

また泣いちゃいそうです。

喃もそうですが、実はあの時の喬太郎さんを思い出すだけで、胸がいっぱいになるんです。だって、この喃作るのに、すごい大変だったと思うんです。

その頃喬太郎さんは地方公演も続いていて。もうそれはお忙しい盛りに、それも期日も迫っているのに、まあくの「日野さんのトランペットが入る落語を」の提案。新作を創る約束しちゃったけど、ご自分でも「おいおい」だったと思います。だから凄いハードなスケジュールの中での難産だったと思います。出番の直前まで、一人でブツブツと鏡前で確認されていました。

楽屋入りから、ずーっと。休憩のときも、もういつもみたいに他の出演者ともまあくとも、世間話とか一切しない。ご自分の世界で『月夜の音』の初披露に向けて一心不乱、という感じでした。誰も喬太郎さんの側に寄れなかったもの。

そして完成された秀作。これももちろん日野さんのトランペットがあってこそ実現したことでした。

それにしても喬太郎さんのあんな凄まじいほどの真剣な一面を間近に見る機会というのは、もうそうはないでしょうね。本当に感動でした。

と、そんな感動回があったので、その後4年経って、今度はガーデンプレイス20周年記念回（第44回）の時にガーデンホールで『月夜の音』を再演していただくことになったんです。

日野さんのトランペットが上妻くんの津軽三味線になったわけですが、これもまた上妻くんの三味線演奏が、素敵に情があって、本当に素晴らしい『月夜の音』でした。

その時の喬太郎さんですか、流石に再演ですから日野さんの時ほど緊張感ハンパない、ってことはなかったですが、それでも他では一切やってない噺でしょ。練り直した上での再挑戦、の感もあり、まさに渾身の一席でしたよ。

第20回記念シリーズの豪華連チャン企画
喬太郎VSいっこく堂
たい平VS南原清隆
花緑VS風間杜夫の、本気度

某さん　20周年記念といえば、年代戻りますが、確か第20回にも、記念シリーズと銘打って「VS企画」をおやりになってますね。

まあく　ああ、色々やってますから（笑）。とにかく記念回つくるの好きで、そういうのもやりましたね。資料によると、2008年ですね、元祖レギュラーメンバーがゲストとVSで出演、かあ（懐かしいな）。

第20回記念シリーズ第1弾は、
喬太郎さんVSいっこく堂さん
第2弾が、たい平さんVS南原清隆さん
第3弾が、花緑さんVS風間杜夫さん

変わらずスタイリッシュ！　いっこく堂　第64回

となっています。今思い返すと、皆さん本気度全開でしたね。

喬太郎さんは『擬宝珠』と『ハワイの雪』の二席やってくださってますね。『擬宝珠』という落語はそこで初めて聴きました。喬太郎さんもそれまではあまりやってない、っておっしゃってたのを覚えてます。

擬宝珠って、橋の欄干にある金属のあの丸いあれね、あれを舐めるのが好きという、言ったら擬宝珠フェチの若旦那の話なんですね。古典で凄い噺があるんだなあ、って（笑）。これはとても〝喬太郎さん的〟な噺ですよね。達者さが見えるようでした。

ゲストのいっこく堂さんの腹話術も、それはもう、ですよ。お馴染みのジョージくんとカルロスくんの他に、気の弱い目覚まし時計や地球に優しい洗濯機、堅苦しいカーナビ、など当時の新しいネタが続々登場しました。

もう一席の『ハワイの雪』、これは喬太郎さんもここぞ、という時に出してくる勝負噺ですから。ネタが続々登場しました。ここぞ、って感じ。

とにかくどちらも気合い入ってましたねえ。

だから同い年（当時お二人とも44歳）の、アイドル好きムード歌謡好きのお二人の趣味が爆走した「今夜踊ろう」は、もうもの凄かったです。ひと昔以上前ですが、そこだけはよく覚えてます（笑）。お二人が80年代ですか、その頃の歌謡曲を次々と歌うんです。これ知ってる、あれ得意、って。喬太郎さん、会社員時代に作ったという社歌「福家書店社員ブルース」まで歌ってましたよ(笑)。「笑ってる場合ですよ!」の素人出演コーナーに、偶然! お二人とも出てた! ってエピソードにはびっくりしました。

なんか「根暗大会」だったかなあって(笑)。忘れちゃいましたが。

第2弾のたい平さんVS南原清隆さんの時は、オープニングで、ウッチャンナンチャンのコントをたい平さんと南原さんに「ナンチャンタイチャン」という名でやっていただいたんですが、ええ、ウッチャンパートをたい平さんが。その本番でね、南原さんが、たい平さんのことを思わず「内村!」って(笑)。

リハでも南原さん、とても熱心にたい平さんに教えていて、それも嬉しそうでしたからね。南原さんの落語『仔猫』も見事な印象が残っています。

「今夜踊ろう」では、当時お稽古してらした狂言の所作など披露してくださって。全てに一生懸命な感じがね、なんか南原さんて本当にいい方なんだなあ、って思いました。もちろん当時から人気実力兼ね備えたたい平さんとVS出演、ということもあって、でしょうけど。

第3弾は花緑さんVS風間杜夫さんですね。この時が風間さんのYEBISU亭初登場じゃなかったかな。風間さんとも古いお付き合いで、今となってはわたしのことを「まあくん」と呼んでくれる唯一の方かも。

実はわたしの「まあくまさこ」の名前の由来が、この呼び名からなんです。若い頃親しい人たちに「まあくん」と呼ばれていまして。ああ、そーいえば夫は今でもくん抜きの「まあ」です。関係ないか(笑)。

その時代に、風間さんの舞台観てまして、風間さんの芝居仲間の皆さんともご一緒にご飯に連れてってもらったりね。まだわたしが学生の頃です。

それから随分と時が流れて、風間さんが主演なさってた舞台を観に行った時に、その池袋の東京芸術劇場の楽屋で何十年かぶりに風間さんにお会いしたんです。

色々当時の話してたら、「ああ、まあくん!」て(笑)。

でもそんな〝昔のよしみ〟なんてのは関係なく、風間さんの〝役者さんの落語〟なんて言えない程本格的に落語が上手い、というのはもう有名でしたから。

ぜひYEBISU亭に出ていただきたい、というプロデューサーとしての想いがずーっとありましたからね。

で、花緑さんとのVS出演ですが、風間さんはお得意の『火焔太鼓』で、会場の喝采を受けてました。わたしも風間さんの落語をその時初めて生で聴いて、僭越ですがつくづく感心しました。その頃から真打の噺家さんと遜色なかったですね。さすが風間さん、って。

もちろん花緑さんも気合いの入った落語二席、『二階ぞめき』と『天狗裁き』でしたね。「今夜踊ろう」も、こちらが遠慮なく何でも聞けるからか、風間さんもすっごく気さくに喋ってくださって。

「これからお父さん役は全部僕がいただく」みたいなことをおっしゃったので「もうすぐお祖父さん役も来ますよ」って(笑)。

この回をきっかけに、その後も何回かYEBISU亭に出ていただいてるけど、落語はもちろん「今夜踊ろう」でのフリートークがやたら上手くなって(笑)。それからですよ、風間さんが積極的にTVのバラエティにも出るようになったの。多分「今夜踊ろう」の成果ですね(笑)。

まあく最大のピンチを救った風間さんと喬太郎さん

某さん　風間さんといえば、第49回のオープニングで、爆笑王と呼ばれた初代の林家三平師匠をおやりになったことありましたよね、黒紋付袴の格好、ヘアスタイルから何から、喋り方まですべて、もう三平師匠が乗り移ってたようで、客席がざわめきましたよ。

まあく　ああ、２０１６年ですね。見事でしたよね。あれは、それよりずっと以前に風間さんが明治座で「三平物語」で三平さんを演じてらしたのを観てましてね。それはそれはまんま三平さんが舞台に躍動してました。その感動が忘れられなくて、ぜひＹＥＢＩＳＵ亭のオープニングで風間さんの三平さんに出てもらおう、と思ったんです。

風間さんにお願いしたら、同じやるなら三平さんの舞台で使ったその〝本物〟のカツラを使いたい、って。

例えオープニングコントでも、やるならとことん、が、風間流ですから。明治座のそのカツラ屋さんに連絡して、ちゃんと保存されていた、風間三平カツラをお借りしました。

カツラは明治座の〝ホンモノ〟使用。熱望した三平さん（風間杜夫）に大怪我の割には元気そうなまあく　第49回

某さん　ああ、「今夜踊ろう」のトークでそんなお話なさってましたね。そうですよ！（思い出した！）その「今夜踊ろう」で出てきたまあくさんが、痛々しい全身包帯姿だったんですよ。そうです、他のご出演が三三師匠と王楽師匠で、三三師匠が聞かれたんですよ、「まあくさん、その姿はどうしたんですか？」。

まあく　はあ、あれね、あれはまあくの最大の危機でしたね。丁度本番の10日ぐらい前かな、落馬です。

乗馬はずっと障害飛越をやってまして、翌日の部内競技会に出る予定だったんで気負い過ぎたのかな、ジャンプの着地に失敗したんです。パープルダイヤ（馬の名前）じゃなくてわたしが悪いんです、先跳びしちゃったんですよ。それで馬から5〜6メーターくらい前に飛ばされて、思いっきりドカッって地面に叩きつけられた。という、まあ結構な事故で、鎖骨粉砕骨折と肋骨2本折りました。

某さん　そのまあくさんのご説明に、また会場がざわめきましたよ。

まあく　（笑）。「皆さんも馬に乗る時は十分気を付けてください」って言ったら、風間さん三三さん王楽さん、声を揃えて「誰も馬なんか乗らない！」。

某さん　（笑）。でも良く10日かそこいらで本番に出られましたね。

まあく　救急車で運ばれたんですが、結局バラバラになってる鎖骨をボルトで繋げる手術が5日後しかできなくて。手術後は5～6日間ほど入院してましたね。

その乗馬クラブが関西なんですね。病院も大阪ですから、退院した日に新幹線乗って東京へ帰ったのが、YEBISU亭本番の前日でした。まだ物凄く痛かったですね。車中で。

某さん　聞けば聞くほど、よく本番出来ましたね。打ち合わせとか、どうなさったんですか？

まあく　ご出演の皆さんとは全て病室から電話で打ち合わせさせていただきました。病室にパソコン持ち込んでベッドで構成台本を書いて、ホールのスタッフにメールして、指示などのやりとりも全てメールと電話、といった感じでした。思えばほとんど今時の在宅ワークですね。

だからあの時はゲストが風間さんで本当に助かりました。噺家さんにはレギュラー陣、ってことで、少しは甘えたり頼ることが出来ますが、ゲストにはやはり気を使うじゃないですか、それは当

鎖骨のボルトも取れて8ヶ月後に完全復活。愛馬タガノバッチグーと (撮影＝アキラ タダ)

然ですよね。

だからあの状態で他のゲストだったら、もっとキツかったかもしれません。でも風間さんだから「まあくん大丈夫だよ」って、どんどんリードしてくださいましたね。

もっともその後、風間さんはゲスト位置から噺家さん枠（笑）になって、堂々レギュラー陣入りしていただきましたけどね。

某さん その骨折以外に、危機はなかったんですか。まあくさんが本番に来られなかった、なんていうのは、一度もなかったんですか。

まあく そうですね。危機はあと二回ありました。わたしと山本さんはYEBISU亭皆勤ですが、でも一度だけ「今夜踊ろう」には出られなかったことがありました、第33回

クライズラー＆カンパニーの復活!? あまりにハカセな喬太郎さん
右より、喬太郎、斉藤恒芳、まあく、三三　第33回

かな。風邪を引いて、本番当日声が出ない。出番直前になっていよいよ全く声が出ないんです。掠（かす）れ声さえ出ない。全然。

某さん　それは大変だ。

まあく　それがまたラッキーなことに、喬太郎さんがご出演の回で、喬太郎さんに「今夜踊ろう」の司会をしていただきました。

某さん　喬太郎師匠が司会。ああ、ありましたね。

まあく　それも出番ギリギリ。喬太郎さんはその前に一席演っていただいた直後です。バタバタとチェック入れた構成台本渡して、これ見て（司会）やってください、みたいな。喬太郎さんだからあの状態で頼めたんです。もちろん喬太郎さんだから、まあくなんかより完璧な司会です。お客様もみんなそう思われたと思いますよ。

某さん　確かに淀みなく流れるような流石の司会ぶりでした。でも「今夜踊ろう」にまあくさんがいないというのは、どうにも寂しい気がしました。お客さんみんなそう思われた雰囲気でしたよ。もう上手い下手の問題じゃないんですよ（笑）。

まあく　問題外ですか（笑）。にしても、喬太郎さんにはいつもながらですが、この時もつくづく、ありがとうございます、感謝×１００でした。

某さん　その時は三三師匠がトリで、ゲストのピアニストの方とコラボした『団子坂奇談』ですよ。これもまた貴重な、見応えある高座でしたねえ（しみじみ）。

まあく　ゲストは元クライズラー＆カンパニーの名ピアニストで作曲家の、斉藤恒芳さんです。

　オープニングで喬太郎さんがバイオリン持って葉加瀬太郎さんに、三三さんがベースの竹下欣伸さんになって、クライズラー＆カンパニーの復活コントをやってもらったんです。

　もう喬太郎さんは、葉加瀬太郎さんご本人に申し訳ないくらい最高のハカセさんで、三三さんは、なんかシュッとしてて、スカパラのベースの川上（つよし）くんによく似てて、そこに感心したりして（笑）。

三三さんって、喬太郎さんに負けないぐらい他にも色々多彩にやっていただいてるんですね。岡幸二郎さん(ミュージカル俳優)とデュエットで、「オペラ座の怪人」を『寿限無』の替え歌で歌っていただいたり(第35回)。もち怪人の衣装でね(笑)。いつもどんな姿になっても、なんかカッコいいんですよね。絵になる、っていうか。凄いスタイリッシュなんですよ。絶対普段も、もっとコーディネートとか気を配ったら、全然素敵になると思うけどなあ(しみじみ)。

某さん　なるほど、三三師匠のファッションですか。やはりまあくさんは考えることが違いますねえ(しみじみ)。ところで、あと一回の危機は何ですか?

まあく　ガーデンホールでやった50回記念回の時です。ゲストのみうらじゅんさんから本番前々日にご連絡がありました。インフルエンザで本番には行けない、って。

某さん　はあー!　それはまた……。

まあく　速攻代わりのゲストをみうらさんの事務所に紹介していただき、電話しました。ラッキーにもスケジュール取れて、無事開催できました。それが水道橋博士さんです。本当に水道橋さんには心から感謝です。突然ゲストが代わっても、平然とみうらさん用演出で女装に励んでくださった、喬太郎さんと(三遊亭)兼好さんにもですけどね、もちろん。

某さん　本当に長くやってらっしゃると何でもありですね。いやはや……。

プロのしゃべりに感動の永井秀樹。大ファンとの共演に感激の吉弥、永井の体脂肪一桁が羨ましい喬太郎　第25回

上方落語界の人気者・桂吉弥さんが愛したサッカー選手登場で起きた〝奇跡〟

某さん　いつの頃からか上方落語の方もご出演されるようになりましたが、そのきっかけ、というのは？

まあく　２００７年に上方編として桂都んぼ（現・米紫）さんと桂吉坊さんに出演していただきまして、それから２００９年に、桂吉弥さんです（第25回）。そう、あの桂米朝一門の（米朝の弟子の桂吉朝門下）。

元々のきっかけは、米朝一門のマネージャーさんとうちの山本さんがどこかで会って親しくなって、まあくが紹介してもらった、という。

その頃、NHKの連続テレビ小説で、当時としてはまだ珍しい落語の世界を、それも上方の落語界を描いた「ちりとてちん」が終了したばかりだったんです。

そのドラマに落語家役で出てたのが桂吉弥さん。それまでは関西だけだったけど、全国的に知名度が上がって人気急上昇中でしたね。

まあく的には吉弥さんのことはせんから達者な噺家さんだと知ってましたから、ぜひ、YEBISU亭にと。

某さん　吉弥師匠は華もありますしね。嫌味もない。確かにきっかけは「ちりとてちん」だけど、元々上手い噺家さんで東京でも贔屓は多いですね。

まあく　ですよね。それで聞いたらすんごいサッカー好きということで、サッカー選手のお友達、永井秀樹くんにゲストに来ていただくことにしました。

ええ、当時は現役でした。もちろん落語にも興味あって、解説やるためにももっとおしゃべりが上手くなりたい、って、永井くん言ってましたから、これはいいかも、と思って。

もう一人の噺家さんは、喬太郎さんでしたね。

某さん　喬太郎師匠もサッカー好きですか？

まあく　いえ、あまり興味なかったんじゃないかな。別に二人ともにゲストを合わせる、って必要はないんですよ。どちらかの噺家さんに特化できれば(笑)。で、そこでね、驚きの偶然があったんですよ。「ほんと！　そんなことあるんだ」って。

某さん　へえ、なんでしょう？　YEBISU亭で起こることは、もうちょっとやそっとでは驚きませんが(笑)。

まあく　本番当日、永井くんとマネージャーさんとでお入りになったんですが、マネージャーさんとはその時初めてお会いしたんです。

ええ、普通は打ち合わせからマネージャーさんがご一緒なんですが、永井くんとは本人に連絡して、打ち合わせも本人とだけ話してたので。その時永井くんからまあくも知ってる以前の誰それとは違うマネージャーになったからね、って聞いてました。

で、当日、永井くんといらしたのは背の高いシュッとしたお若い男性で、お名刺に「渡辺」と。渡辺さん、別によくあるお名前ですよね。ああ、この方が新しいマネージャーさんかあ、って。

そしたら、その渡辺さんが、

「僕、落語協会の事務局長やってた、渡辺の息子です」

もう、びっくり。すぐ山本さんを呼びましたよ。

某さん　え、YEBISU亭を立ち上げた時に協力いただいた落語協会の方ですよね、その後お亡くなりになったという、随分おしゃれな方だった……。

まあく　そうそう、落語協会とは思えないような、ピアスして、いつもボルサリーノをかぶってらした、ね。元祖レギュラーメンバーの三人、花緑さん、たい平さん、喬太郎さんをご紹介してくださったYEBISU亭の恩人です。その方の息子さんが今YEBISU亭に出ていただくゲストのマネージャーさんなんて。

それも落語家さんのマネージャーさんならまだしも、サッカー選手のですよ。普通ならそうはご縁ありませんよね。

某さん　その息子さんはご存知だったんですか？　お父さんとYEBISU亭の関係を。

まあく　ええ、よくご存知でした。「その頃、自分はまだ学生だったけど、お父さんが色々話してくれた」って。「寄席じゃなく、恵比寿のホールでレギュラーの落語会ができる」って、すごいお父さんは期待してたって。だから永井くんからこのお話を聞いた時、びっくりして、すごい嬉しかった、っておっしゃってくださいました。

彼の話を聞いてると、お父さんの渡辺哲司さんは本当にお若くして亡くなったんだなって、その時改めてしみじみ想いましたね。

でもこうして息子さんは立派にお育ちになってる。その話をその後、喬太郎さんやたい平さん、花緑さんにも伝えましたね。

某さん　確かに普通の落語会ならそんな出会いはありえないですよね。サッカー好きの噺家さんがいて、まあくさんが、たまたまサッカー選手のなかでも永井さんとお親しくなさってて。そういう偶然、というより必然ですね。渡辺さんが、息子さんを通してYEBISU亭の成長をお祝いしたかったんじゃないですかね。

まあく　えー、もしそうなら、わたしの方からもお礼したいです。こんなに長く続いてるのも渡辺さんのおかげです、って。

某さん　サッカーファンの吉弥師匠も現役選手と共演できてお喜びだったでしょうね。

まあく　それはね。吉弥さんも、永井くんのことヴェルディ川崎時代から知ってて応援してたそうですから。永井くんからサイン入りのシューズをプレゼントしてもらって、当時の吉弥さんのブログにもその様子が書いてありました。吉弥さんの興奮と感激が伝わって来ましたね。

某さん　吉弥師匠みたいに、ずーっと憧れてた好きな方と共演できる、ってのは噺家さんにとっても嬉しいことですよね。他にYEBISU亭で憧れの方とお会いできた噺家さんはいらっしゃったんですか？

ザ・クロマニヨンズのマーシーに
三三さんが見せた少年の顔

まあく　三三さんが何度目かのご出演のとき（第43回）でした。確かご一緒は、一之輔さん。ゲストが決まって、お二人にメールでご連絡しましたら、三三さんから即返信がきて、「真島さんて、あのマーシーさんですか？」って。ザ・クロマニヨンズのギターの真島昌利さんのことです。まあくも「はい、あのマーシーさんです」って返信しました（笑）。

確かに、ザ・ブルーハーツ、ザ・ハイロウズ、ザ・クロマニヨンズと、甲本ヒロトさんとともに、日本のロックシーンを牽引してきた現役レジェンド、真正ロッケンローラー、マーシーさんが落語会のゲストに。なんでぇ⁉　でしょうね。ＹＥＢＩＳＵ亭的には（それまでのゲストを見てたら）不思議じゃないんですが。

ただ、まあく自身もザ・ブルーハーツは大好きだったので、マーシーさん（の事務所）からゲストの出演をご快諾いただいたときは、ほんと信じられないくらい嬉しかったです。

実はこの情報は、うちの次女からなんです。「マーシーさんがすごい落語ファンで度々寄席にも

オープニング「マーシーは俺だ！」
でロックンローラーに扮する、
サーサー（三三・左）、
イッチー（一之輔・右）、
マシノ輔（真島昌利・中）

全力で凄むイッチー

意外と噺家さん風ハマった、
マシノ輔　第43回

行ってるよ」って。

その上、マーシーさんが、噺家さんの中でも、三三さんと一之輔さんが大好きだった、というラッキーが重なってのことでした。

でも、まさか三三さんがあんなにマーシーファンだなんて知りませんでした。打ち合わせで、マーシーさんと初対面の時の三三さんが、なんかいつもと全然違っているというか、緊張してるというか。ちょっと少年のようなキラキラした顔でマーシーさんを見てらっしゃいましたよ（笑）。

三三さんの年代的には、小学校高学年からザ・ブルーハーツが大好きで「リンダリンダ」とか「TRAIN-TRAIN」聴いてた、って。

落語少年はロック少年でもあったわけです。初めて明かされる真実、でしたね（笑）。

本番ですか、それは盛り上がりましたよ。当然ですがマーシーファンも大勢おいでになってて、オープニングで、「オートバイと皮ジャンパーとカレー」の楽曲に乗って、ザ・クロマニヨンズ風の格好で三三さんと一之輔さんが先に登場して、マーシーさんを呼び込んだら、もう観客総立ち。

そんな落語会あります？（笑）

某さん　それは見たかったなあ。あれはさすがにチケット取れなかったんですよ。普段の落語ファンの会場とは全く違う雰囲気なんでしょうね。ファン層も全く違う。噺家にとってはやり辛い面もあるでしょうが、ここは勝負、と力入るのも確かでしょうね。何より新鮮ですよね。お二人の落語も自ずと渾身の一席になったでしょうね。

まあく それはもう。一之輔さん、オープニングの後、出の舞台袖で、「やりにくいなあ」って(笑)一言おっしゃって、高座に。それで噺は『粗忽の釘』。お得意の古典滑稽噺です。会場爆笑でした。「今夜踊ろう」のトークコーナーでも、またマーシーさんが本当に落語をよく知ってらっしゃって、好きな噺が『妾馬』なんてでてきたり。

ああ、最初に買ったレコードの話になってマーシーさんがピンキーとキラーズの「恋の季節」って。思わずまあくが「♪わーすれられないのおー♪」って歌ったら、マーシーさんが合わせて歌ってくださって。そしたら三三さんが、「なんで一緒に歌ってんですか？」って、口とんがらせて、ちょいとむくれてましたよ(笑)。

自分がマーシーさんと一緒に歌いたかったんでしょ。でも「恋の季節」っていう古い歌を知らなかった(笑)。だから子供の頃買ってもらったっていう童謡を歌ってましたよ、ええ、三三さんが(笑)。

そんなこんなの後に三三さん何やるのかな、と思ったら、なんとあの有名すぎる人情噺『文七元結』。あの『文七』は、YEBISU亭でこそ聴けた、圧巻の『文七』でした。

春風亭一之輔さん初登場は、イケメン劇団俳優と「ロミオとジュリエット」！

某さん　一之輔師匠といえば、初登場はいつ頃だったんですか？

まあく　２０１２年（第36回）ですね。21人抜きで真打になったちょっと天才的な噺家さんが出てきた、って聞いてたんです。誰に聞いたか忘れましたが、その頃落語ファンはみんなそう言ってたんじゃないですか？

某さん　確かに。一之輔師匠は、真打になる前からそんじょそこらの真打を上回る人気と実力がありました。それまで真打というのは落語協会が毎年数人ずつ昇進させるのが通例になってたんです。ところが２０１２年の春、一之輔師匠一人が昇進、それも21人の先輩を追い越して。まあ落語協会も思い切ったんでしょうが、ファンのほうが（真打昇進を）待ち望んでる、って空気ありましたからね。

まあく　そうだったみたいですね。21人ごぼう抜き、それも単独昇進。それがどれだけ凄い事か聞きました。ＹＥＢＩＳＵ亭に出ていただいた時が真打披露公演を控えてる、という丁度そんな時でしたね。上野、新宿、浅草、池袋の都内四軒の寄席に国立演芸場、計五十日間、披露興行が開催されるって、もう歌舞伎役者さんみたいなスケジュール。普通お披露目公演は数人の新しい真打が持ち回りでメインをやるんでしょ。それは凄いプレッシャーですよね。確か「今夜踊ろう」のトークコーナーでそういうお話をお伺いしたと思いますね。「真打の知らせって、どういう風にくるんですか?」ってことも聞きましたね。

某さん それは、やはり師匠から告げられるんじゃないですか?

まあく まあくもそう思ってたんですが、具体的に知りたくて。以前、例のトークショーで、宝塚のトップスターの方に「トップになるって、どういう風に知らされるんですか?」って聞いたことがあったんです。確か「エラい方に呼ばれて伝えられたけど、その前に雰囲気で解る」って。

で、一之輔さんに聞いたら、最初はお仲間のブログだかツイッターで知った、って。会場どよめきましたよ。一之輔さん「そう、そこに、一之輔が真打になる、って書いてあったから、ああ、俺、真打になるんだ、って。そんな感じでした」。まじですか!? ですよ(笑)。

某さん へえー、時代ですね。YEBISU亭初出演の一之輔師匠の回、あれもちょっと油断してて、チケット買えなかったんですよ。ソッカンもソッカンでしたからね。もう一人の出演者が喬太郎師匠でしたから当然でしょう。またゲストが女性に大人気の劇団の看板俳優さんですからね。

その面子だとやはりオープニングが気になりますね。初登場で一之輔師匠は何をやらされたんですか(笑)。

まあく　リラックスして楽しんでいらっしゃいましたよ。オープニングは、このインタビュウの前に、記憶の確認で、まあくのブログ「YEBISU亭ご報告」でお写真も見たんですが、ちょっとまあく的にも驚きました(笑)。ゲストはスタジオライフという劇団の役者さんなんですが、曽世(そぜ)海司(かいじ)くんというんです。劇団の公演でよく女性役をおやりになってて。また女装がとてもお似合いなんで、まず曽世くんを女装させるには、から発想しました。

で、劇団でもやりそうな「ロミオとジュリエット」の有名シーンをやろう、と。もちろんジュリエットが曽世くんで、ロミオが一之輔さん。もう打ち合わせ前から考え決めてる(笑)。「ストーリーを活動弁士に語らせるのはどうですか?」と、これは喬太郎さんのアイデア。で、喬太郎さんに黒紋付に袴ご持参いただいて、あの有名シーンを語っていただきました。「ロミオ、ロミオ、あなたは何故ロミオなの?」という、あれね。朗々としたもので最高の弁士ぶりでしたよ。もち喬太郎風に思いっきりアドリブ入りましたが。

一之輔さんのロミオは、なんていうか(微妙に笑う)茶色のつば広の帽子に、白いシャツ、赤いジャージ姿で。どう見てもロミオというより「ハーメルンの笛吹き男」でした。帽子とシャツは

ジュリエット役の曽世海司

ロミオ役の一之輔。下はジャージ
3人とも第36回

堂々の活動弁士姿の喬太郎

こちらで用意したんですが、パンツは派手な色味を持参してください、と一之輔さんに頼んだら、ジャージしかなかった、って（笑）。

大体「パンツ、って、ズボンのことだよね？」って、わけわかんない確認入ったし。当然でしょ、みたいな（笑）。

それでも黄色い艶やかなドレスの曽世くんジュリエットと、きっちり演技もしてくださいましたよ。無声映画風に喬太郎さんの弁士に合わせた動きだけですが、大爆笑を取りました。

一之輔さんのその時の噺ですか、『初天神』でした。この一席で一之輔さんの21人抜き真打単独昇進の理由が、鮮やかに見えたようでした。

喬太郎さんは『任侠流山動物園』。ホント抱腹絶倒ながら気合い入った喬太郎ワールド全開でしたね。ちなみにこの新作、白鳥さん作ですって。ご存知でした？

某さん　そういえば、曽世海司さんて、最近は落語のお仕事なさってますよね。

まあく　そうなんですよ。そのとき曽世くんは落語『干物箱』を堂々とやったんですが、実は曽世くん、その時YEBISU亭ゲスト三回目のご出演で、二回目のとき（2007年の番外編）に、落語に初めて挑戦してもらったんです。そのときの共演者は白鳥さんと彦いちさんでしたね。

ええ、それまで彼は一度も落語を生で見たことさえなかったんです。だからYEBISU亭で、

〝YEBISU亭かいじ〟という名前をつけて、（2007年の番外編では）オープニングで襲名披露みたいなことやりましたよ。これもご持参いただいた黒紋付と袴の、白鳥さんと彦いちさんが、曽世くん真ん中に「YEBISU亭かいじを、よろしく御願い申し上げます」みたいな。それで三人の前の長い巻き紙をするすると広げると、そこにでっかく「YEBISU亭かいじ」の文字。その名前を書いてくださったのが、これまた豪華な（NHK大河ドラマ「龍馬伝」や「美の壺」のタイトルを書いてた）書道家の紫舟さんです。そういえばそのとき紫舟さんが書いた巻き紙、どうしたんだろ？　絶対値打ち物ですよね（笑）。

そのときの曽世くんのデビューの噺が『ちりとてちん』。こちらがその演目を推薦したのですが、初めてにしては、まあなかなかのものでしたよ。

曽世くんはそれですっかり落語にハマってしまって、その後もたい平さんの落語を聴きに行ったり、一度は稽古つけてもらいにも行ったそうです。ええ、たい平さんに。

それ以降も曽世くんの落語熱はいよいよ増したみたいで、落語会にも堂々と落語で出演する成長ぶりでしょ。自分で企画した落語会なども続けてらっしゃいますし。曽世くんを通して、それまで落語を知らなかった演劇ファンの皆さんに落語が広まっていく、そんな発展がYEBISU亭らしくて、とても嬉しいですよね。

かっこよすぎる元宝塚男役トップスターがボーイズコント！

某さん　わたしがゲストで特に驚いたのは、宝塚のトップスターさんがコントをなさったときですね。花緑師匠と一之輔師匠と一緒の回（第39回）でした。圧巻の歌唱も聴かせていただいて、毎回そうですが、特にお得感ありすぎ（笑）の回でした。

まあく　ああ、姿月あさとさん、宝塚の宙組初代トップの方です。当時姿月さんのために宝塚が宙組を作ったと言われた程の大トップさんでした。退団なさってから、何度かショーを創らせていただいたご縁で、公私ともに仲良くさせていただいていますね。

もう長い付き合いで、ずーっと「姿月さん」なんて呼んだことないし。「ズンキー」って呼んでますね。「ずんこさん」というのが宝塚ファンの間の呼び名なので、まあく的にはそれが「ズンキー」となりまして。そう、花緑さんたちと出ていただいたのは、もう8年ほど前ですね。

オープニングは、お三方にコントをやってもらおうと。ズンキーは好きなんです、結構そういうの（笑）。ほかではやらないと思いますが。

オープニングはボーイズでお揃いの衣装。一之輔、姿月あさと、花緑、まあく　第39回

たまに飲んだりしてるから、その時も飲み屋で全然気楽に「ボーイズスタイルでやろう」って提案しましたね。ズンキーが「ボーイズって、何?」みたいな(笑)。「ボーイズっていうのは、複数人で、それぞれ楽器もって出てきて、演奏しながらお笑いやる」って、説明して。

で、何の楽器持つの?って話になって。結局、ズンキーがミニアコーディオン、一之輔さんがタンバリンで、花緑さんが、何だったろう?　花緑さんは、お得意のブレイクダンスを踊っていただいたのはよーく覚えてるんですが。

某さん　確か、コントネタは宝塚のオーディションネタでしたよ、噺家の師匠へ弟子入りと比較しての。笑いました。その後に「ろくでなし」の歌になって、花緑師匠の見事なブレイクダンス。そうそう一之輔師匠が「見上げてごらん夜の星を」を歌ったのには驚いたなあ。

まあく　よく憶えていらっしゃいますね（感心）。さすがYEBISU亭ファン代表（笑）。そしてオープニングの最後に、ズンキーが「モルダウ」を歌ったんですよね。そう、あのスメタナの。ちょうどその前にズンキーのディナーショーとかをまあくの構成・演出で創らせていただいてまして。スメタナの有名な楽曲に「モルダウ～果てしなき流れの果てに」というタイトルで作詞したのを歌ってもらったんです。その後もズンキーは随分その歌を気に入ってくれて、CDになったり、武道館とかでも歌っていただいてたので、それをぜひYEBISU亭ファンにも聴いてもらいたい、と。

落語ファンの皆さんは、多分初めてズンキーの歌を生で聴いたと思います。それも特別スケールの大きい「モルダウ」を。宝塚トップの中でも歌唱の上手さに定評あるズンキーが朗々と歌いあげたものだから、まあ、そのときの拍手は会場の皆さんの感動を表してるようでした。歌い終わったときの拍手のそれは長かったこと（笑）。本当に会場割れんばかりの拍手がしばらく続きましたね。ズンキーも、客席がいつものズンキーファンの方たちとは違うから、いつも以上に力入ってましたしね。

でも一番驚いたのが一之輔さんの歌、落語の口跡も良い方ですが、テノールさんみたいな素晴らしくいいお声の「見上げてごらん夜の星を」でしたね。

そして、オープニングに続いて一之輔さんの落語『鈴ヶ森』。まくらで「ズンキーの『モルダウ』があって、こんなに出にくい経験は初めて」と、おっしゃってましたが、後にこのときと同じくらい出にくいマーシーさんとの回がくるんですからね（笑）。

『鈴ヶ森』は一之輔さんのキャラが立って、それはいつもながら笑わせていただきました。本当に泥棒キャラが最高に上手い、っていうか合ってるんですもの（笑）。

花緑さんですか、まあここぞとばかりの『中村仲蔵』をおやりになりました。花緑さんの家柄の良さ、真面目さ、そういうものが滲みでるような、そんな綺麗な落語でした。演じる花緑さんの目に光った涙も、忘れられませんね。

白酒さん・三三さん・松尾貴史さんの、爆笑オープニング全掲載

某さん　近年、桃月庵白酒（とうげつあんはくしゅ）師匠も、レギュラーメンバーにお入りになってますね。白酒師匠も通好みの実力派で、江戸前の噺家さんらしい華もある人気の師匠ですからね。

まあく　はい、最初にお会いしたときの印象は、格闘家みたい、というか、とても威風堂々とした方で。桃月庵という屋号ですが、それも変わってるな、と。プロファイル見たら、やはり珍しいお名前で、しばらく途絶えていたらしいですね、白酒さんは三代目だそうです。

そんな白酒さんの初登場回（第37回）。他にはもうすっかりYEBISU亭に慣れてた三三さん（笑）、それにゲストの松尾貴史さん、もう最高でした。

松尾さんとは、あちらはご存知ないと思いますが、談志さんのところで何度かお会いしてまして。一番明確に覚えているのは、談志さんの「クジラを食べる会」で、同じテーブルにいらしてて、何か言葉を交わしました。その印象が驚くくらいすごく紳士的で、素敵な方だなあ、と。

落語がお上手だというお噂も、かねがね聞いてたので、ぜひ一度ゲストにおいでいただきたい、と思ってました。まあ、それにしても、このときのオープニングほど笑ったことはありません。

松尾さんとの打ち合わせは、まあくは京都に行きましてね。ええ、スケジュールがそこしか合わなくて、京都でお仕事なさってる松尾さんをホテルのカフェラウンジに訪ねました。

グレイシー柔術のつもりです。桃月庵白酒　第64回

落語をしていただく、という話はすでに事務所から通っていましたが、まあく的にはオープニングも大事ですから。だから打ち合わせで、松尾さんのお得意のモノマネをやっていただきたい、それをいつものように、どう出演者二人と絡めてコントにするか、相談させていただかないと、ということです。

松尾さんは旅先でお疲れのご様子でしたが、まあくの提案を快く受けてくださって、オープニングは岡本太郎になりきって出る、と。

そこに三三さんと白酒さんをどう絡ませるか、それはまあくが考えて簡単な構成を書いておく、というういつものパターンで決まりました。

で、まあくはTV番組の教養講座で、司会者の三三さんとアシスタントの白酒さん二人が、芸術家・岡本太郎氏にお話を聞く、という設定にして、質問だけを箇条書きにし、あとはお任せ、という構成を書きました。

そのオープニングが、予想どおりというか、予想以上というか、もう三人の息もピッタシのアドブ合戦で、凄まじく面白かったです。

実はこのオープニングも逐一ブログに書いてくださった方がいて。Marsさんという方です。これもMarsさんの了解をいただいて、ここに全て掲載させていただきます。まじ笑います。

Marsさんのブログより

オープニングコント「岡本太郎　伝統芸能を語る」
高座にパイプ椅子が3つ置かれていた。しかも、2対1になるように、
二つは近づけて、高座の下手にあり、中央上手にぽつんと一つ置かれている。
何をやるのだろうか？　と、暗転した客席で考えていると、白酒くんと三三くんが登場。

三三くんがMC風に「恵比寿教養講座1978回目。
今夜のテーマは『噺家が巨匠に迫る芸術の力、噺の力』でございますね。
本日のゲスト、岡本太郎さんです。」と紹介すると、
松尾貴史が十八番ネタ、岡本太郎で登場する。
太郎「メルシーボクー」
三三「今、何て言ったの？」
白酒「僕は元気です。」
二人の会話の横で、松尾貴史の岡本太郎が凄い表情で客席を睨むので、
客が悲鳴に近い「いやぁー」の声が上がる。額の血管が切れんばかりの表情だ！

するとと突然、太郎が喋り出します。

太郎「媚びる必要なんかないよ、素晴らしくあろうとか、
　美しく見せようなんて必要ないんだ！　何だ、これは‼

　そんなパッションのような、音のしない静かな爆発のような、そういうものが必要だね。」

三三くんが、無視するかのように番組を進めます。

三三「まっ、とにかく先に進めさせて頂きます。

今、何て言ったんですか？」

白酒「要約すると、ようこそ」

三三くんが、「では、先生に質問しますネ」と、言い終わらないうちに、
太郎が被せぎみに喋るのです。

太郎「何か聞きたければ聞けばいいし、聞きたくなければ聞かなくていいし、それは自由だ！」

三三「そう言われれば、若干ためらいますが、先生は落語にも造詣が深くいらっしゃると…」

ここから、太郎ワールドが全開になり、客席は爆笑の渦になります。

太郎「造形はね、やっぱり芸術とは造形を伴うもんだから、
　モノを創るモチベーションというかね、意欲というか、まぁ、衝動と言ってもいいね」

Marsさんのブログより

三三「若干、〝ゾウケイ〟の意味を取り違えていましたが」
白酒「言わんとすることは、分かりますネ」
三三「やっぱり、パッションなんですかね芸術は」
白酒「そうですね、作り手の心を受け止めようとする」
三三「若干の戸惑い、素晴らしいです、ハイ。
　言葉で、耳や目だけで芸術は受け止めようとせず、心で受け止めよと」
白酒「(『天災』の心学者)紅羅坊の先生的ですねぇ」
二人が喋っていると、また、太郎先生が突然喋り出す。
太郎「マリアンヌがね、僕が昔一緒に住んでいた、
　あのマリアンヌがね、とっても美しくてね、そらもぉー参ったネ」

これを無視するかのように三三くんが進行を前へ進めます。
三三「では、次の質問に……いやまだ一つも質問していない。
　1978回目にして、まだ質問していないのは快挙ですよね。
では、先生は、落語に大変ゾウケイが深い、アッ、ゾウケイは禁句でした、
先生は落語に大変興味を持たれているとお聞きしますが、
落語のどんなところに、絵心をくすぐられますか?」
太郎「僕はネ、その絵心って言葉が大嫌いでね、

あのね、子供たちに絵を描かせるとね、それには絵心なんて必要ないんだよ！
こう描きたい、こう塗りたいという、湧き出る無垢な衝動に任せて描けばいいんだよ。
空が緑色だっていいじゃないか!? 色なんて何だっていいんだ。
それを大人がこうしなさい、ああしなさいと指図する。
だから、落語家がどんどんダメになるんだよ！」
白酒「おっしゃる通りです」
最後は、落語家の話で〆る太郎、腹がよじれるくらいに笑いました。

三三「では、次の質問です。先生は、落語に興味を持たれている訳ですが、
落語の中には、先生同様と申し上げて良いか躊躇いますが、
いろんな破天荒な登場人物が出てきますよ。そんな落語の登場人物で、
先生のお気に入りを教えてください」
太郎「甚兵衛だなぁ」
白酒「エッ？ 甚平鮫？」
三三「今、魚の話はしていません」
太郎「甚平鮫!?」
三三「ほら、ダメだって、興味を持っちゃった」
脱線しまくる太郎!!

Marsさんのブログより

太郎「あれはね、悠々と泳いでね、大きな体で、回遊してね、痒くなって、片っ方死んでね、あれは、〝じんべいざめ〟と思われているけど、〝じんべえざめ〟だからね、名前は大切だからね、間違っちゃダメだ、名前はアイデンティティーだ！芸術は爆発だ！」

白酒「わたしが悪かった、甚平鮫なんて言って」

三三「案外乗りやすい先生なんですね」

三三「あの次に、あのー先生は、これからの芸術活動の題材にしたい噺家は誰ですか？」

太郎「題材にしたい、それは、本質？　それともフォルム？」

三三「では、本質から」

太郎「川柳川柳（かわやなぎせんりゅう）だね」

白酒「むしろ、フォルムじゃねーか？　と思いますが（本質は酔っ払いのラッパ吹きだぞ）」

太郎「フォルムだったら、瀧川鯉昇（りしょう）だね」

三三「あそこまで、フォルムだけだと…」

太郎「綺麗だとか、気に入られようだとかのアンチテーゼだからね、鯉昇。何だこれは！が生きてるよね」

三三「では、先生のライバルの噺家は誰ですか？」

太郎「ライバルね、それは、歌丸だね」
白酒「意外とミーハーなんですね」
三三「川柳、鯉昇ときて、歌丸は普通ですね」
太郎「歌丸はね、あの♪ちゃんちゃかすちゃらかの曲で歩く姿がいいね、
そして、扇子をパッチン！って鳴らしたら、ラッパさんがパフって鳴るね！鳴るね！
あれ（笑点のオープニング）がいい」
三三「では、逆にあの世で会いたくない噺家は誰ですか？」
太郎「米丸！　あいつは、声が高いネ。爺なのに高いネ！
ボーヴォワールが言っていたね、△☆※ー×◇□○※」
意味不明のフランス語を喋り出した太郎を横目に強制的に番組終了にして、
第1978回恵比寿教養講座は終わりました。
初登場の白酒くんの「これがオープニング？」という言葉が印象的でした。

掲載以上

Marsさんのブログより

三遊亭兼好さんが初登場で大遅刻

某さん　一番最近のレギュラー入りは、第60回に喬太郎師匠と出てらした古今亭菊之丞師匠ですよね。次に新しいメンバーは三遊亭兼好師匠だと思うんですが、師匠はどういう経過でレギュラーになったんですか？

まあく　そうです。兼好さんと最初にお逢いしたのは、まだ兼好さんが二ツ目の頃です。その頃、いっときYEBISU亭の前に「ホップ・ステップ亭」というのをやってまして。

真打になる前の、これから伸びていこうという若い噺家さんや、噺家さんに限らず、若いお笑いをやってる方々をYEBISU亭ファンの皆さんに紹介しようという趣向で、若手に〝場〟を提供することと、落語ファンの裾野を広げる試みでした。

YEBISU亭が夜7時の開演でしたから、昼の2時くらいから4時くらいまでを、ガラガラ感が出ないように、客席を半分に仕切って。そう300人余りのキャパを100人余りで満員になるようにしてね。

チケット代金は500円だったかな、その売り上げ全てを演者さんのギャラに当てるという。会

司会姿、でも実は下駄を履いている兼好。これマドロスさんですって！ 菊之丞。何をしてもカッコいー姿月あさと　第62回

場設営からスタッフ関係全て持ち出しですが、主催者のガーデンプレイスさん（現・サッポロ不動産開発株式会社）の太っ腹があってこそ出来た企画です。

タイトルの「ホップ・ステップ」は、「ジャンプ」に続きますよね。ジャンプして本編の「YEBISU亭」に出演しよう！　と。

またホップをビールのホップにかけてまして、いいホップからいいビールになろう、と。そんな感じ。はい、ガーデンプレイスさんの親会社はサッポロビールさんですから（笑）。

その「ホップ・ステップ亭」に兼好さんに出ていただいたんですよ。

「ホップ～」の前にどこだかのホール落語会で、二ツ目の好二郎さん時代に『壺算』を聴いてまして。まあ、これがとんでもなく面白かったので、その時の印象が強烈にありましたから。ええ、姿もいいし、上手い噺家さんだなあと。きっとすぐ真打になるだろうな、とは思っていましたね。

余談ですが、その「ホップ～」に「ナイツ」のお二人も出てくださったこともありましたね。お得意の「ヤホー！」ネタで、すでにテレビの売れっ子さんでしたよ。ぜひ「YEBISU亭」にもおいでいただきたいですね。

某さん そんなご縁がおありだったんですね。「ホップステップ亭」に出たあと、兼好師匠は、すぐYEBISU亭にご出演されたんですか？

まあく それが、最初のオファーの時、スケジュールが合わなくて。なんか海外で落語やるからって、丁度日本にいらっしゃらない時だったんです。お電話でめちゃくちゃ残念がってましたよ、兼好さん。わたしが「お忙しいですね」とか言ったら、「いや、いつもは全然暇なのに、ここだけなんですよ、忙しいのは（笑）」。その後しばらくご縁なかったかも（笑）。

だってYEBISU亭って、年に4回開催じゃないですか。2～3回出ていただけなかったらすぐ1年経っちゃう。だからそれから6年後くらいに兼好さんのご出演が決まったのかな（第47回）。またその回のゲストが（いい意味で）普通じゃなくて（笑）。実はもうお一人は志らくさんだったので、ゲストは志らくさん的に演劇関係の方がいいかな、と。志らくさんは「下町ダニーローズ」という劇団の主宰もなさってるでしょ。

時は2015年の11月、Xマスも近いから華やかにしたいと思い、かねがねネットで注目してた「ハンサム落語」の平野良さんと植田圭輔さんお二人をゲストにお迎えすることになりました。「ハンサム落語」というのは、2・5次元ミュージカル（「テニスの王子様」など漫画やゲーム原作のスペクタクルミュージカル）で活躍する若手俳優さんたちが、二人一組で、花魁が着るような派手派手てろりん打掛け衣装で、身振り手振りもチョーダイナミックに落語を演じる、という、イケメン極彩色集団。

若い女子たちのファンは半端なく多く、それこそチケットは一瞬のうちに完売しました。ハッキリ言って「ハン落（らく）」（ファンはそう呼ぶらしい）ファンの女性たちは、本当の落語を生で、どころか映像でも見たことない方たちです。落語といえば「ハン落」しか知らない。

本番当日は、そんな素敵な女性たちがキャーキャーワーワーと詰めかけました。若干数の、いつものYEBISU亭ファンも、怖いもの見たさのような心境でオープニングに臨んでいる様子。

一方楽屋では、若いハンサム君ふたりが本物の落語界の、それも志らくさんという重鎮と同じ舞台に立つ緊張で、不安の表情。

ところが、オープニングのリハで、志らくさん兼好さんにも派手な花魁打掛けを着てもらって、出を確認するはずが、リハの時間になっても兼好さんが来ない。

客入れも迫り、取り急ぎ兼好さん抜きでリハをやるが、「ポル・ウナ・カベーサ」というタンゴの名曲に乗せてポーズを決めたり、そのあとのオープニングトークのきっかけとか、全て兼好さん抜きだから、彼らの不安は募るばかり。まあく的には「何故来ない!? 兼好さん！」と、イライラが募る。

時間は開演の7時に、あと数分と迫っている。それまでにも何度も兼好さんの携帯に電話するが「もうすぐ着きます」ばかりで、全く、着かない。いよいよ志らくさんに、「兼好さん待ちで10分は遅らせますが、それ以上だと、もう兼好さん抜きで始めますから。兼好さんのセリフ全部志らくさんでやってください」。こーゆー困り方する時は、なんだか側に志らくさんがいる、不思議。「えー、いいけどさ、もうくるんじゃないの?」と飄々としたいつもの志らくさん、本当に頼りになる、というか頼りにならない、というか。

某さん　えー、何があったんですか？　兼好師匠に。そんな大事な会にそれも初めての会でしょ、遅刻するような師匠じゃないですけどね。

まあく　何にもありませんよ、たんに入り時間を間違えたんです。だから思い込んでるから、結構お気楽な感じで、開演ギリギリにしれーっと「おはようございまーす！」なんてね。

まあくが「必死で早く来て、って電話したじゃない」って言うと「だからまあくさんそんなアセる時間でもないのにって、思ってた」って！　開演10分押してもらって、兼好さんがお着替えしてる間に、段取り説明して、音もらって、バタバタと舞台に送り出しました。

まあ本番はね、形つきますよ、それにオープニング、兼好さんがなんだかお客さんに一番ウケてたし（笑）。兼好さんの『権助魚』も女性たちに爆笑とってましたよ。

ハンサム二人は『はてなの茶碗』、お二人とも、もう滝のように汗びっしょりの熱演でした。

そこで最後のトリの志らくさんは、何をもってきたと思います？『子別れ』です。人情噺の大ネタです。情感ありながら志らくさんらしく何ともすっきりと、「〝本当〟の落語は初めて」というお客様が8割、という会場を、感動の志らくワールドに引き込んでいました。アンケートに何枚も「志らくさんで泣きました」って。

他にも確実に「ハン落」ファンの皆さんから「今日初めてホンモノの落語を聴きました。噺家さんの喋りは軽快で繊細な落語、元気のいいハンサムたちの落語。それぞれに面白かった。今度また落語を観に行きたくなりました。また新しい世界が見られました」など、新しい文化に触れた喜びのコメントがいっぱいでした。

もちろんYEBISU亭ファンの女性からも「また違うハンサムさんの『ハンサム落語』観に行ってみたいです」。

これこそYEBISU亭の素敵たる所以です。

兼好さんには、その後何回も「遅刻した兼好さん」って、ネタにさせていただいてます。

西城秀樹さんに全員勇気と元気と感動をもらいました

某さん　わたしがもう一つ忘れられない回に、西城秀樹さんが出てらっしゃった回(第45回)がありますね。あれはなんていうか、胸が詰まりました。西城さんといえば、わたしらの世代でも、もうカッコいい男の代名詞でしょ。初め

白鳥、まあく、西城秀樹、三三　第45回

てご本人を目の当たりで拝見して、もうそれだけでも、感激するものがあったのに、その大スターさんが、病と闘ってる姿を、正直に生で見せてくださった。本当に西城さんは勇気ある方なんだ、と感じ入りました。

まあく 西城秀樹さんにおいでいただいた第45回は、2015年の4月2日、桜満開の中での開催でした。秀樹さんが還暦（4月13日）と聞いて、ぜひYEBISU亭でお祝いを、と思いまして。もちろんYEBISU亭ファンの皆さんにとっても秀樹さんのリハビリとかお仕事復活へのお話は、とても興味深いものになるんじゃないか、と思ってです。

秀樹さんには、いっぱいお世話になってました。本当に長いお付き合いでしたから。

何年だろう、最初（お会いしたのは）TBSの歌番組でしたから軽く20年以上のお付き合いでしたね。

例のトークショーにも何度も出ていただきました。

20年、200回続いた「コーセーアンニュアージュトーク」のスタート当初に、X（後にX JAPAN）のToshlさんと出ていただいた、その時のカッコよさ。

（当時）代官山のキャパ200人ほどの小さな会場の熱気と興奮、秀樹さんの、Toshlさんやまあくへのお気使い、ファンの皆さんへの配慮、そういうもの全て含めて、本当にいい男全開でした。秀樹さん30代中盤くらいだったのかな、今でも鮮明に覚えています。

でもまあくはその後会う度に素敵に歳を重ねてゆく秀樹さんの方が、より好きでしたけどね。

ええ、その後も、ROLLYさんや、戸田恵子さん、お笑いのぐっさん（山口智充）、宝塚トップスターだった匠ひびきさんなど、興味深いツーショットで何回もご登場いただきました。

200回のファイナルにも、それまで登場していただいた200組400人の皆さんの代表として、11人の方々と一緒に出ていただいた時は、確か最初の脳梗塞になられた後でしたが、もう全然お元気そうで、すっかり回復されたご様子でした。

そういう長いお付き合いがあったのに、2011年に二度目の脳梗塞になられた後は、まあくの方も、関西との二重生活などがありまして、震災（東日本大震災〜福島第一原子力発電所事故）後の暮らし方がすっかり変わってましたから、秀樹さんの体調のお噂をお聞きしながらも、お逢いする機会が全くなかったんです。

それで還暦のお祝いを聞いて、絶対YEBISU亭でと、ご出演をお願いした次第でした。その頃は園芸番組とか、同窓会コンサートなどご活動はされてましたからね。ただ生の舞台でフリーのトーク、というのをお引き受けいただけるか不安でしたが、「まだ身体も自由には動けないけど、まあくさんとなら大丈夫でしょう」って、片方さん（秀樹さんをずーっと支えてたマネージャーさん）

がおっしゃってくださったんです。

打ち合わせは駒沢にあるスタジオに秀樹さんを訪ねました。片方さんから秀樹さんの体調を聞いて、秀樹さんの待つ控え室に入りました。

そこには秀樹さん一人が大振りのソファに座っていました。

何年かぶりに会う秀樹さんは若々しく、変わらぬスラリとした体型にシンプルなシャツにブルージーンズがお似合いでした。

「お変わりないですね」と言ってから、自分でもバカじゃないかと思うような質問をしていました。「ヘアスタイルも全然変わってないじゃないですか。カツラ？じゃないですよね」

触ってみろよ、と秀樹さんが言うので、前髪をヒョイと引っ張って「ホントだ、カツラじゃない！」。

きっと久しぶりにお逢いした秀樹さんが、ビジュアル的には全く変わっていないのに、何か一つ忘れものしてるようなそんな微妙な雰囲気に、まあくが緊張してしまって、かえって、こんな失礼なことをしてしまったんだろうな、と後になって思いました。

それでも、秀樹さんにオープニングに小噺していただくお願いや、トーク内容の取材をさせていただきました。

ご一緒に出るのは白鳥さんと三三さん。お二人は今人気の落語家さんで、特に白鳥さんは年代的に秀樹さん憧れ世代だから、みたいなことを秀樹さんにご説明しました。とにかく本番は気軽においでいただきたかった。それだけでした。

「隣の家のへい（塀）に西城秀樹がいるよ、かっこいー（囲い）」

オープニングで秀樹さんが披露した小噺です。大爆笑でした。

その前に「傷だらけのローラ」を白鳥さんと三三さん二人が熱唱してくださったのでそのお返し。

「今夜踊ろう」のトークでは、千葉にある大きな農園のリーダーになって、野菜作りをしている話や、リハビリで毎日90分歩くなど、日々の努力を怠らないという秀樹さんに、実は、と、白鳥さん。

「おれも一時糖尿病で苦しんでて、とにかく毎日雨の日も風の日も歩いてたよ」

そーだったんだ。白鳥さん、元気になって良かったね。

そんな白鳥さんが「秀樹さんはまあくさんとは長いお付き合いらしいですが、まあくさんて、ずーっとこんな人ですか？」。

秀樹さん、すかさず

「そう、まあくはね、ずーっと、人の話を聞かない」

会場大爆笑。皆さん、笑いすぎじゃないですか？

某さん そうでした。あれは西城さんのその言葉に皆さん全員が深く納得なさった、そんな感じでしたね(笑)。それとね、その言葉に皆さんホッとして笑った、というのも含んでましたよ。皆、嬉しかったんですよ。秀樹さんがYEBISU亭を楽しんでいらっしゃるのがわかって。

まあくさんにお体を支えられてご登場なさったでしょ、だから最初客席はちょっと緊張感が漂ってた感じがありました。でもトークに入ったらすぐ笑いが起きてましたから、気分がどんどんほぐれていって、やっぱりいつもの「今夜踊ろう」になりましたね。またトリの白鳥さんの落語も凄かったなあ。あの圓朝に西城さんの歌ですよ。

まあく そうでした。『普段の正拳』という噺です。三遊亭圓朝作の『札所の霊験』を元に、秀樹さんの「激しい恋」をモチーフにして、白鳥さんが作った力作です。秀樹さんをリスペクトして作ったから、ぜひこれやりたい、って打ち合わせで白鳥さん、おっしゃいました。

原作は怖い噺で有名な圓朝の作品だから、結構陰惨な噺なんです。それを、やめろと言われても止まらない、恋に狂う男の熱情を「激しい恋」の楽曲に乗せて、爆笑の白鳥世界に観客を引きずり込んでいく。その見事なこと。これぞ白鳥ワールド! でしたね。

楽屋で秀樹さんが聴いてらっしゃるから、一段と力が入ったんでしょうね。

落語初めて、というまあくの友人のお嬢さん(20歳)が、「凄い凄い面白かった、落語ファンに

還暦のお祝いに、まあくとアサオカローズさんから薔薇のプレゼント！　西城秀樹　第45回

なった、また来ますう！」って、騒いでました（笑）。

やはり落語初めての秀樹さんのファンクラブの皆さんも喜んでくださってましたね。

片方さんや事務所の皆さんにも「ヒデキがあんなに心から面白そうに笑ったのを見られて本当に嬉しかった」と言っていただけて、こちらも心底ホッとしました。

お帰りになるとき、秀樹さんのお身体に落語は絶対いい影響与えてくれるから（笑うと免疫細胞が増えて免疫力がアップする、というのは科学的にも本当の話）、「秀樹さん、今度一緒に落語観に行きましょう」とお誘いしました。

結局それは実現しませんでしたが。

２０１８年のお正月も例年のように秀樹さんのお写真の入った年賀状が届きました。３月には事務所移転のご案内のおハガキもいただきました。そこにもレコーディングしてる秀樹さんの変わらぬお姿がありました。

それから二ヶ月ほどで悲報を聞くことになるなんて、本当に思いも寄らないことでした。

実は、未だに信じられない想いがありますね。

いつだったか秀樹さんのコンサートをガーデンルームでプロデュースさせていただいたことがありました。ジャジーな演奏で、秀樹さんの歌の上手さと大人の魅力が引き立った素敵なコンサートでした。

確か筑紫さんもおいでくださって、秀樹さんの楽屋にお連れしたら、秀樹さんの歌の上手さを改めて知った感激をお話しされてました。

ずーっとお世話になりっぱなしだったけど、その時は秀樹さんが「まあく、ありがとう」って。

それだけは、ほんのほんのチョッピリだけど、御恩返しできたのかな、って今になって思いますね。

※まあくまさこブログに追悼文「心より、秀樹さんへ」blog.markmasako.com

そして2019年第60回、古今亭菊之丞『法事の茶』と柳家喬太郎『牡丹燈籠』になった訳とは？

某さん　やはり長いこと続いていると、色々エピソードがあり、どれも深いですね。まだまだいっぱい裏話がありそうですが、外がもうすっかり暗くなっちゃいました。そろそろエンディングを聞かないといけませんね。

まあく　ほんと。あっという間に時間が経っちゃいましたね。

某さん　YEBISU亭レギャラーメンバーの噺家さんは全員で何人いらっしゃるんですか？

まあく　一度だけ出ていただいてもレギュラーメンバーと呼んでいますから（笑）。何人かな。YEBISU亭20年を3つに分けますと、初期が、元祖レギュラーの花緑さん、たい平さん、喬太郎さん。昇太さんもですね。もちろん志らくさんも。中期が、白鳥さん、彦いちさん、三三さん。王楽さんにも出ていただいてますね。後期が白酒さん、一之輔さん、兼好さん。そして、第60回に初めて出ていただいた菊之丞さん。（指折って数えていて）へえー、13人ですねえ。へえー（なんだか感心しきり）。

某さん 今挙げられた13人は、今の落語界で登り竜のごとく頭角を表した、人気実力のある師匠方ばかりです。

まあく あ、これも資料見て思い出したんですが、初期の頃ですが、重鎮の噺家さんにも出ていただいてました。

五代目柳家小さんさん。第2回でしたから、きっと花緑さんにレギュラーの落語会ができたことで、お祝い出演のお気持ちもあったのでしょうね。もちろん渡辺さんの働きかけのおかげですが。

第3回には柳家小三治さん、第4回は(三代目)三遊亭圓歌さんですから。

振り返ると、凄いなあ。もちろん「今夜踊ろう」は、まだなかったです。ああ、よかった。

某さん そんな大御所との「今夜踊ろう」も見てみたいですが(笑)。それは確かに凄いですね。その大御所と元祖レギュラーのお三方に、ゲストも入ってたんでしょ。まあくさんや落語協会の、このYEBISU亭に掛ける意気込みを感じますね。小さん師匠と花緑師匠は、楽屋ではどういうご様子だったんですか?

まあく うーん、ほとんどお喋りとかなさいませんでしたね。

確かサインをお願いしたのですが、まず花緑さんに言って、花緑さんがおじいちゃまに、いえ、小さん師匠に色紙を持ってって、頼んでましたね。

仕事の場ですから、花緑さんでも気楽に喋れない、そんな雰囲気がありました。

でも、まあ小さんさんは嬉しかったんでしょうね、まあくにも小さい色紙にサインいただきましたから。小さんさんのトレードマークでもあったタヌキの絵が可愛くて、今でも持ってますよ。

某さん 菊之丞師匠は60回記念が初登場だったんですね。確か「今夜踊ろう」で、まあくさんが喬太郎師匠に紹介していただいた、と。

まあく ええ、古今亭で江戸前の綺麗な噺家さん、て人から聞いて、早速落語を聴いたんです。古今亭といえば、やはりまあく的にはずーっと志ん朝さんでした。あんなに粋で綺麗で口跡もよくて品があってお優しそうで、さぞやモテたでしょうね、と思う噺家さん、もうそうそう現れないだろうな、って。錦松梅はいつも実家にありましたね（笑）。

だから古今亭には思い入れがあったんで、遅まきながらですが、菊之丞さんに出ていただきたいと、喬太郎さんに頼んだんです。何でも困った時には喬太郎さん頼みです。

某さん 喬太郎師匠と菊之丞師匠。ゲストは「ここぞ」の津軽三味線の上妻さん。素晴らしい60回記念回でした。

まあく それがね、あれ60回〝記念回〟って謳ってないんです。普通の60回で開催しちゃったんです。

というのも、いつも何かと記念回はガーデンホールでやってるのに、普段のガーデンルームでやってるんです。まあくがうっかりしてててホールを頼むのを忘れちゃってた。だから設定的には普通の60回での開催でした。ゲストが決まってからです。「60回記念のお祝いとして、オープニングは、上妻くんに三味線いっぱい弾いてもらっちゃいましょう」と(笑)。

『法事の茶』リハーサル。菊之丞、上妻宏光　第60回

某さん　確かにオープニングの「津軽じょんがら節」は素晴らしかったですね。もっともっと聴きたかったほどです。それに菊之丞師匠の『法事の茶』が全て上妻さんの三味線入りというのには感心しました。

まあく　落語のコラボも、いつも喬太郎さんに頼むので、今回も喬太郎さんに相談したんですよ。そしたら、「菊之丞さんは持ちネタに三味線を入れられそうなのがあるから、菊之丞さんに相談してみれば」って。ええ、喬太郎さんが。それでそのままを菊之丞さんに言ったら『法事の茶』が出てきたんです。『法事の茶』という噺は、茶を煎じれば、その湯気の中から、どんな昔の名人も幽霊で出てくる、という古典の滑稽噺なんですよね。（八代目桂）文楽、（六代目三遊亭）圓生、（八代目林家）正蔵、と、錚々たる名人が次から次に。

実はわたしもですが、この名人を知るわけないでしょ、の若いお客様からも、大きな笑いと拍手が起こりましたから。これはもう「きっとこんな人なんだ」と思わせてしまう、菊之丞さんの芸の力なんでしょう。

その名人幽霊の皆さんは、一旦菊之丞さんが袖に引いては出囃子とともに次々と出てくるのですが、その登場シーンのそっくりぶりも大喝采。柳家さん喬さんの幽霊が出てきた時は、喬太郎さんが袖から出てきちゃって、「うちの師匠はまだ生きてるよ」って（笑）。

この名人が出る出囃子、これを全て、舞台の上手にスタンバってる上妻くんが生で弾くんですから。それも上妻くんは「野崎」や「正札附」など、本当に名人方の出囃子を、菊之丞さんからもらった音源聴いて、全部譜面に書き起こして弾いてくれたんです。さすが上妻くん、です。

そして、トリは喬太郎さん、何やってくれるのか。

いつものように、休憩終わりギリギリに、楽屋で喬太郎さんが「まあくさん、怪談やっていいですか」って。『怪談牡丹燈籠～お札はがし』でした。

これはもう説明要りませんよね。それにしてもここで怪談噺を持ってくるその思い切りのセンスの良さ。これが喬太郎さんの矜持、と言える一席でした。酷暑の5月でしたが、いっぺんに会場が寒くなりました。

某さん そうでした。あの『牡丹燈籠』は怖かったです。泣くほど笑って、感動して、怖がらせて。うーん、さすが、と唸らせて。

全くYEBISU亭ならではの実に贅沢な時間でした。

まあくさんはお忘れになってたけど、本当に素晴らしい60回記念でしたよ(笑)。

また恵比寿ガーデンプレイス
ザ・ガーデンルームでお会いしましょう

レギュラーより
愛をこめて❶

総天然色
イラスト館

段取り？知らないわよ！
だって、まあくがルールだもの！

画＝三遊亭白鳥

レギュラーより
愛をこめて❷

総天然色
イラスト館

画＝三遊亭兼好

まあくまさこ&元祖レギュラーZoom座談会

まあくまさこと共に、現在のYEBISU亭の礎を築いた
元祖レギュラー陣が久しぶりに集い、まあくと誌上「今夜踊ろう」をお届けします。

YEBISU亭と俺たちの青春

柳家花緑
林家たい平
柳家喬太郎
まあくまさこ

撮影＝渡邉まり子
構成＝東京かわら版編集部

まあく氏のみZoomでの参加。座談会は感染症対策を講じて行いました

最初の出会い

──皆さんが一番初めにお会いになったのは。

たい平　ＹＥＢＩＳＵ亭の第１回目が（立川）談志師匠と染五郎（現・十代目松本幸四郎）さんで、僕らは第２回のＹＥＢＩＳＵ亭からの出演です。

まあく　レギュラーは三人で決まってたんですよ。だけど第１回は派手にやりたいと、主催の恵比寿ガーデンプレイスさんの意向もあって。まあくが、たまたま談志さんとも染五郎さんとも仲良くさせていただいてて、お願いしたんです。そしたら談志さんのマネージャーさん（実弟の松岡さん）が「志らくさんも一緒に宜しくお願いします」ということでした。だから、２回目のときですね。お三方にお会いしたのは。本番３時間前ぐらいにお入りいただいて、諸々確認していただこうと。会場でセッティングしてたら、お三方が黒幕の袖から入っていらっしゃったんですよ。花緑さんが最初。黒のちょっときれいなスーツ。次たい平さんがギョロっと、とても労働に適したブルゾンみたいな。で、３人目が喬太郎さん。やっぱりこう…ちょっと…地味〜なスウェットみたいな。

喬太郎　好きなように言っていいっすよ。言葉選ばなくて。

まあく　それで「はじめまして。よろしくお願い致します」と申しました。

花緑　そこだけ妙に丁寧。

たい平　まあくさんはおしゃれで凄くセンスもあったから「やり手なんだろうな」と感じましたけど、その後が大変だった。

まあく　どうやるか全く知らないでしょ。まだ寄席とか行ったことなかったしね。

花緑　天真爛漫ってこの人のこと言うんだと思ったよね。

喬太郎　天真爛漫は天真爛漫。

まあく　（笑）。

――落語協会事務局長の渡辺さんから、YEBISU亭への出演依頼があったんですか。

喬太郎　連絡は（落語）協会からです。現場には事務員さんがついてきましたね。渡辺さんって落語協会の事務局長の割には派手な人で。

まあく　そうそう、おしゃれな人。

たい平　おしゃれなまあくさんがいて同じような人が増えちゃった。『粗忽長屋』だよ（笑）。

喬太郎　その回のゲストは（五代目）小さん師匠でしたね。

まあく　そうです、小さん師匠はやっぱり花緑さんに頼みましたね。

花緑　話は協会からだったと思いますよ。

まあく　それでね、小さん師匠と話すの怖くて、楽屋でも花緑さんに全部伝えてもらってた。喬太郎さん的には最初どう思ったんですか？　ＹＥＢＩＳＵ亭に来てみて。

喬太郎　僕は一番後輩ですし、真打になったばっかりですから、ただ兄(アニ)さん方のあとに付いていればいいやっていう感じで。

まあく　確かに「くっついていよう、俺は」って感じ、見えましたね。花緑さん的にはどうでした？

花緑　今、年表見させていただいて、僕が出てない中、たくさんやっていただいているなっていう歴史を垣間見てたんですけど、僕、うちの師匠来たときのこと覚えてないんですよ。

まあく　小さん師匠が来たこと？

花緑　うん。その後、小三治師匠とか（三代目）圓歌師匠

柳家花緑・やなぎやかろく
１９７１年８月２日、東京都豊島区出身。87年３月、祖父の五代目柳家小さんに入門し「九太郎」。89年９月、「小緑」で二ツ目に。94年３月、「花緑」で真打昇進。

も来てるけど、全然記憶になくて。

まあく　そう、小三治さん。「今夜踊ろう」なくて良かったですよ。

喬太郎　当たり前だ。

花緑　怒っちゃうよね（笑）。

喬太郎　小三治師匠が『出来心』やって、ものすごく受けてたの覚えてる。

花緑　それ言われると確かに聴いた記憶が……。

喬太郎　若いお客さんばっかりだったのに一切入れごとみたいなのしないでドッカンドッカン受けてるのが、「芸ってすげえな」って思った。もちろん目白の師匠（小さん師）も。

花緑　2000年ってことは2002年にうちの師匠亡くなるから、相当弱ってた頃ですけど。

まあく　そうなんだ。花緑さんのために出てくださったのね。

花緑　孫可愛さのために、なんだかわからないYEBISU亭に来てくれました（笑）。

喬太郎　たい平兄さんと僕にとっては良い思い出ですよね。

たい平　晩年の目白の師匠とご一緒できたのはね。

喬太郎　圓歌師匠は打ち上げもご一緒されて、師匠のところはお弟子さんが皆住み込みなんだけど「俺初めてかみさんと二人で暮らしているんだよ」って話されたのを覚えてる。

まあく　へー圓歌師匠がね。あ、小三治さんも打ち上げ来てくださいました。隣で飲んだの覚えてますすよ。

一同　へー。

まあく　小三治さんも圓歌さんも一緒に気楽に飲んでましたね。怖いですね、今思えばね（笑）。

たい平　怖いと思うとこにまあくさんの成長が見て取れる。

一同　（笑）。

それぞれの思い出

まあく　第3回目に栗山（英樹。現・北海道日本ハムファイターズ監督）さんに出ていただきましたね。「しゃべりのプロの中で（話が下手って）馬鹿にされないかな」って、怖がっていらっしゃいましたよ。

花緑　栗山さん、すごくいい人で。あの時、すごく充実した良いトークになったんですよ。

まあく　内容は全然覚えていないですけど、確かに栗山さんの人柄は最高なの、よーく知って

ますから。いい雰囲気のトークだったというのは覚えているよ。

花緑 野球と落語の話を一生懸命して、お互い響き合うものがありましたよ。

まあく そうそう、野球中継の解説とか、もっと上手くなりたい、ってね。

花緑 あのあとプロ野球の監督になられて。

たい平 筑紫哲也さんもいらっしゃいましたね。

まあく 筑紫さんの時、みんな遠慮するんですよ。で、せっかく小噺やってくれたのに全然ウケなかった。

一同 （笑）。

花緑 ＹＥＢＩＳＵ亭の題字が筑紫さんでしょ。

まあく そうです。筑紫さんにはあの頃のうちのイベント全部に書いてもらってたからね。でもお三方にとってＹＥＢＩＳＵ亭で、ぜんぜん違う世界の人と会うって

林家たい平・はやしやたいへい
１９６４年12月６日、埼玉県秩父市出身。87年、林家こん平に入門。88年８月、「たい平」で楽屋入り。92年５月、二ツ目に。２０００年３月、真打昇進。

いうのは面白くなかったですか？

喬太郎　面白い、楽しかったですよ。お知り合いになった方もご縁ができた方も。

まあく　印象に残っている人っています？

喬太郎　僕はですね、会の内容も含めてなんですけど、つのだ☆ひろさん（第8回）。

まあく　ああ、怖いお話でも有名な方だから、怖い噺の回に出ていただいたんですよ。

喬太郎　トークでものすごく怖い話をした後で、『牡丹燈籠』やらなきゃいけなくなって。

まあく　喬太郎さんの『牡丹燈籠』覚えてる!!

喬太郎　自分が怖くなっちゃったんだよ。それは覚えています。

たい平　打ち上げで言ってたよね。

まあく　それ、喬太郎さんの高座中に何かものが落ちた

柳家喬太郎・やなぎやきょうたろう
１９６３年11月30日、東京都世田谷区出身。89年10月、柳家さん喬に入門。同年11月、「さん坊」で楽屋入り。93年5月、「喬太郎」で二ツ目に。２０００年3月、真打昇進。

んですよ。

喬太郎　落ちましたっけ？

花緑　そうそう。

まあく　たい平さんはなにか印象はないの？

たい平　あんまり記憶がないんだよね。

一同　（笑）。

花緑　（喧嘩のこと）あえて忘れたくて？　思い出すと大変なことになるから（笑）。

たい平　曽世海司さんとはここで初めて会ったのかな。そのあと、曽世さんは自分の劇団で毎年落語を演る時、僕のCDから覚えてるんですよ。毎回、僕のところに「今回はこのCDからこれを覚えて、お客さんの前でやります」って連絡くださって。

まあく　曽世さんもう落語家と言えそうなぐらい自分の会を持ってらっしゃいますね。

喬太郎　あと（三遊亭）白鳥兄さんと一緒に上妻（宏光）さんの時（第19回）……。

まあく　『雪国たちきり』でしょ!!

喬太郎　そう、舞台を雪国にかえて『たちきり』を上妻さんの津軽三味線と一緒にやったときの白鳥兄さんの『たちきり』がものすごく良くて。「雪国の雪は下から降る。風で……」って

表現がすごくて。あの時の『たちきり』は、古典の名人の『たちきり』を凌ぐんじゃないかと。

まあく　すごかったですね。あれ伝説だもんね。お客さんからも「鳥肌立ちました」みたいなメールいっぱいいいただきました。で、白鳥さんが、あのYEBISU亭の『雪国たちきり』は二度とできないって言ってる噂をたくさん聞きましたね。白鳥さんその後、上妻くんに連絡したそうですよ。「自分の会で（三味線）やって」って。

喬太郎　図々しいですね（笑）。

まあく　でもスケジュールが合わなくて無理だったみたい。喬太郎さんと日野皓正さんの回（第30回記念）も凄かったですね。『月夜の音』って噺、YEBISU亭のために書き下ろしてくださったんですよ。当日世間話も何もしなくてずーっと喬太郎さんはそのことばっかり考えてらっしゃったもんね。だから写真もね、花緑さんとたい平さんと写ってるけど、喬太郎さんいないんですよ。

花緑　あの日野皓正さんと一緒に新作やらなきゃならなかったんだからねえ。

喬太郎　その噺、上妻さんにもやってもらった（第44回）。

まあく　そうですそうです、上妻さんの津軽三味線で。あれも素敵でしたよね。だけど、YEBISU亭ってすごいものが生まれてますね。伝説がいっぱい生まれてるんですよ。花緑さんはなにか印象ある？

花緑　第39回のとき一之輔くんと一緒でね、噺は何やったか忘れたけど、姿月あさとさんとオープニングのコントを三人でやったんですよね。おしゃれな音楽で。代官山のどこか部屋を借りて三人で稽古した。あの時驚いたのが一之輔ってヤツの度胸の良さっていうか、姿月あさとさんと皆で踊るっていうのに、ちょっと稽古しただけ。「お前大丈夫？　こんなんで」って聞いたら「大丈夫ですよ、できますよ。当日なんとかなりやすよ」って。で、何とかなっちゃった。やっぱ一之輔っていうのはすげえなって思ったのが記憶にありますね。

まあく　その時オープニングで、バッチリ踊ってたの覚えているよ。花緑さんすごくかっこよくダンスしてたじゃないですか!!　でも稽古場借りてたのわたし!?　すごいねー！　まあね代官山は地元だしね。ＹＥＢＩＳＵ亭ってすごいなー。

一同　自画自賛（笑）。

第2回がターニングポイント!?

まあく　たい平さんの印象のあるオープニングは？
たい平　うーん、全然記憶がないんだよね。
花緑　そんなに大変じゃないからでしょ。やれることいっぱいあるから。
喬太郎　兄さん器用だから。
まあく　たい平さんでわたしが印象的なのは、（ウッチャンナンチャンの）南原さんとコントしてくれたこと。ナンチャンは本人で、たい平さんがウッチャン役。結構二人で練習してたよ。
たい平　へー。
花緑　へーって（笑）。
——確かコント赤信号も再現してらっしゃいました（2009年9月24日）。
まあく　ああ、それもリハーサル結構やりましたよね。
たい平　あー、それやった。
まあく　ちゃんと目にキラキラシールも貼って。そういうのたい平さん思い出した？　あなた健忘症でしょ？（笑）。「笑点」のことしか頭にないんじゃない？

たい平　また喧嘩しようってのか（笑）。

花緑　いいんですよ、はじめて会った第2回のときの話をしても。

まあく　喧嘩したときのことね…わたし忘れましたよ、原因とか。覚えている？

たい平　僕も全然原因とかは覚えていない。ただ打ち上げで大ゲンカしたので、その後まあくさんとことん話したいので、呑み屋ハシゴして最後は新宿二丁目の店まで行った。それで仲良くなったっていうか…ちゃんと言い合える仲になれたなっていうのは覚えてますよ。

まあく　わたしも何軒行ったか……。

たい平　三軒くらい行ったんだよ。

喬太郎　その時とことん話してくれて仲良くなって。まあくさんがやってたお店、バー「マークアイ・セカンド」で落語やろうって話になった。至近距離落語会ね。

たい平　カウンターの上に俺たちが座って。でも至近距離って言っても池袋演芸場の一番前の人の方が近い（笑）。※P30に写真あり

まあく　そうそう、たい平さんには渋谷のレストランでやってたトークショーにも出てもらったり。喧嘩した後はね、いろいろお世話になったんですよ。

花緑　打ち上げの喧嘩の最中で僕覚えているのが、喬太郎さんが飲みながらたい平くんの

み〜んな若い!!　たい平、花緑、喬太郎、まあく　第7回

わーって言ってる姿見て「ドン・キホーテだね」って言ってたことですね。

喬太郎　あー立ち向かっていく〜。

花緑　俺は最初ディスカウントのお店かと思った。そんなに安売りしているのかって（笑）。

喬太郎　俺は隅っこでじーっと。あそこで自分まで加わったら話が大きくなっちゃうと思ったので任せようと思って。

まあく　花緑さんはたい平さんの肩持ってね、「たい平の言うことは解るよ」って、言ってたよ。

花緑　僕らはあの時本当に若手で偉い師匠方が次々来て、若手なりにもちゃんとプロとして認めてもらいたい、そういう仕事をしてきたし、だからそこを主張したかったんですよ。ものすごく。

まあく　わかります。熱い気持ちというのはすごいわかりますよ。

花緑　でも本当にYEBISU亭のガーデンプレイスの人たちがすごく真摯に僕らの話を聞いてくれたのもすごく覚えているんですよ。

喬太郎　山本さん（ガーデンホールプロデューサー）。

まあく　そう。とにかく落語会はじめてで、山本さんが色々まとめてくれて。主催者さん

（ガーデンプレイス）の社長がいつもご挨拶にお見えになるんですが、その社長はお代わりになったけど、山本さんは今でもちゃんと来てますよ。

たい平　山本さんも二軒目もいたね。そう、ワインバーみたいなとこ行ったんだよ。で、最後のお店でまあくさんに殴られて（笑）。

花緑　でもたいちゃんもチューしたりおっぱいさわったりとかしてたんでしょ？

たい平　そんなことないですよ（笑）。

まあく　わたしだって殴ってないでしょ、蹴ったかもしれないけど（笑）。

たい平　まあくさんは「最初からこの三人がレギュラーでずっとやる」って言ってたけど、実は僕たちが覚えているのは違うの。

まあく　本当？

花緑　僕らが聞いたのは「毎回違う人で」って。あの次の回からレギュラーみたいなことになったけど。まあくさんたちが話を聞いてくれた打ち上げから、レギュラーになっちゃったんですよ。

まあく　へえー。そうなんだ。わたしは始まる前に渡辺さんに「なんでレギュラーはこの三人なんですか？」って聞いたの。そしたら「これから見ててください。絶対に落語界を背負って立つ三人になります」って、山本さんと聞いたの。それでわたしたちは、まずはお客さんを入れなきゃいけないと、メインの三人にゲストを入れて、なんとか客席の300席を埋める……プロデューサーのわたしとしてはそれが一番考えることだったんです。始める時ね。まず大御所を、でもゆくゆくはわたしの仲良くしてくださってる、例えば筑紫さんとかお願いして客層を広げよう、という思いはありましたね。だから三人がメインっていうのは一番最初からだったと思っていた。プラスのゲストを毎回どうしましょうかというのが、花緑さんに伝わったんじゃないかな。

たい平　少なくとも僕ら三人、それは知らなかったんですよ。

まあく　わたしもそんな感じ。

たい平　わかりやすく説明すると、喬太郎さんと2000年に真打になって、その時にこの会が始まって、真打になったばかりの二人と花緑兄さんと小さん師匠が来て、こういう会を華々しくやろう、と。それがいろいろあったので、次に来る人たちのためにも、この落語会が長く続かなければいけないから、というので僕はさんざん喧嘩をしたわけですよ。だからその時点では、次誰か来た時に、もし失礼だと思われたりしたら、皆ダメになっちゃうからっていう喧嘩だったんです。

まあく　そこまで何を二人してモメたのか、よくわからないけど、例えば喧嘩しなかったらレギュラーが変わってたってこと？

たい平　かもしれない。

まあく　落語協会的には？　もうわかんないけどね。きっとまあく的には、その頃、月イチでやらせていただいてたトークショーで、芸能界だけじゃなく、長嶋茂雄さんとか、各界のトップの方々とお会いできる機会が多かったから、だからYEBISU亭にも、そう、例えば栗山さんとか西城秀樹さんとかもそうです。そういう寄席の世界以外のもっと多彩な方々をYEBISU亭にもお招きして、ゲストを通して落語初心者でも楽しめる特別な落語会にしたい、それはレギュラーメンバーになっていただいたお三方のためにも、ファン層を広げる良い場になるだろうと。そういう風に考えてましたね。

たい平　だから僕たちがなかなかできないような会なのに、もし間違った方向に次から進んだらもったいない、そう思ったので、一回言って喧嘩して「お前なんかいらない」って言われたら「それじゃあ出なくていいや」っていうくらいの気持ちでいたんです。

まあく　でもそんなに（喧嘩すること）あったのかな？（笑）きっとそれくらい熱入っていたってことですよね。反対に言えばね。

たい平　これが続くんだったらちゃんとした素晴らしい落語会だし。

まあく　続いたんだ、だからたい平さんのおかげなのね。

たい平　そんなことはないけど。

喬太郎　一番真剣だった。兄さんが一番前向きに正面から当たった人だから。

まあく　そうなんだ。一番俯瞰で見てましたよね、喬太郎さんは（笑）。

まあくのプロデュース

――これだけ会が続いているということは、まあくさんが呼ばれているゲストの人選がユニークだからというところもあるとは思うんですけど、お三方から見てまあくさんのプロデュー

サーとしての素晴らしさを感じるところはありますか。

花緑　たい平君どうぞ。

たい平　僕はいいんじゃないですか（笑）。落語会ということを全く考えないで自分の人脈から呼んできてくれるから、そこに化学反応が生まれるんじゃないですか。「落語会にこの人向いている」とかって落語のこと知りすぎちゃってる人がゲストをブッキングすると、どうしても僕たちに近づいた人を呼ぶんだけど、全く世界が違う人をまあくさんが呼ぶから、YEBISU亭は面白いんじゃないですかね。

喬太郎　本当に、まさにそうですね。

まあく　全く考えないことはないですよ。落語界とはまったく別の世界だけど、（ゲストは）落語に興味ある人です、皆さん。例えばザ・クロマニヨンズのマーシーさん（第43回）にしても、いつも寄席とかにも行ってて、まあ落語よくご存知なんです。『パタリロ！』の魔夜峰央先生（第56回）も落語大好きで、パタリロの落語解説本まで出してらっしゃる。パタリロファンのまあくがその本を読んでオファーさせていただいたんですけどね。ただただまあくの知り合いの方だけ出てもらってるわけじゃないですよ。YEBISU亭で広がった方々もいらっしゃるしね。

喬太郎　ゲスト見てて、演芸寄りっていうの寒空はだかくらいですね（笑）。俺が呼んだの（第58回）。

まあく　そう、喬太郎さんに「はだかさん面白いよ」って紹介してもらったの。本当にもう演芸チックでした。好きな回ですよ。

喬太郎　へなちょこ芸人ですけどね。本当に面白いです、と。

花緑　まあくさん久しぶりに呼んでください、僕を。

まあく　あなたに断られたんだって。

花緑　二回断ったからって三回目はいけたかもしれないんだから。一回でなんでくじけちゃうの（笑）。

まあく　たい平さんも三回、スケジュールが合わない。

花緑　四回目いかなきゃダメなの。

まあく　じゃあ今年はくじけない。

一同　（笑）。

たい平　後輩にすごい人出てきているから、僕は僕で違う世界で落語のために生きていくよ（笑）。

まあく　そんなこと言わないでよ（笑）。

三人の会をふたたび⁉

——みなさんにとってYEBISU亭ってどんな会ですか。

たい平　YEBISU亭って毎回、化粧台の前にメッセージカード置いてあるよね。ああいうのは、いまだかつて落語会にないからちょっと新鮮で嬉しかった。まあ、あんなに気が入っていないメッセージもないけど（笑）。

まあく　なんで？　マイくん（当時制作を手伝ってた次女）に書いてもらってたんだけど。

たい平　マイくんの名前書いてあったほうがうれしかった。

まあく　ひどいね（笑）。マイくんのほうが字が綺麗だから。カードだけじゃなく、いつもお菓子も添えてるでしょ（笑）。

喬太郎　いっぺんまあくさんが風邪で声が全然でなくて「今夜踊ろう」を僕がまわしたことありましたよね（第33回）。

まあく　スムーズにキレイにやっていただいて。

喬太郎　そう、ものすごくコーナーうまくいったんです。ただね、アンケートには何枚も書いてありました。「スムーズだけど『今夜踊ろう』は、まあくまさこのほうが面白い」って。

たい平　人の話あんなに聞いてない司会なんだけどね。

花緑　話し出すと違うこと喋ったりするから、たいちゃんいつも突っ込んでたよね。

喬太郎　だからはじめて来る後輩の噺家さんとか、仲間とかちょっと上の先輩とか「はじめてだけど大丈夫か」って聞かれた時、「大丈夫です、何があっても大丈夫ですから」って必ず言うようにしてます(笑)。そして「怒んないでくださいね」って。

花緑　はちゃめちゃさ加減がね(笑)。

まあく　怒る人はいませんでしたからね…皆さん、確か(笑)。

たい平　ＹＥＢＩＳＵ亭に出始めた頃は、僕たち落語を背負っていろんな方面で頑張らないといけないという時期で、まあくさんみたいなマスコミの世界とかテレビの世界で生きている人と出会ったことが、すごく良かったたって今思ってますよ。そこから皆いろんな方面で活躍ができたし。落語だけを守る人ばっかりに守られていたんだけど、まあくさんのようにまだ落語のことわからないけど、何かやりたいよねという人たちにちゃんと僕たちの落語はこうです、というのを説明して、協力してもらうということを学んだ。僕たちも発信しないといけないということをまあくさんとともに学んだ。

喬太郎　それは本当にそうです。

たい平　今まで先輩が築き上げてくれたところにただあぐらをかいて乗っかっていただけじゃなくて、新しいところに僕たちが行くためには、まあくさんみたいな新し

い発想の人と手を組んでやることがとても大切だし、そこには意見の違いも出てくるんだけど、そこを乗り越えて新たな落語会を作っていかなくちゃいけないということをまあくさんと出会って感じたし、それを強く若い時に言えたことが今の下地になっていると思う。

まあく　あら、上手くまとめていただいてありがとうございます。

一同　（笑）。

まあく　（十二代目市川）團十郎さんがね、お話しした時に、おっしゃってましたよ。「伝統と革新が大事だ」と。やっぱり歌舞伎界もね長年皆守られていると。贔屓のお客様とか皆さんに。それにあぐらをかいてちゃダメだって。全く同じようなことをおっしゃってましたね。でもその革新はちゃんとした伝統を知らなきゃダメだって。たい平さんが言ったようなことですよね。

たい平　まあくさんも偉かったと思う。俺たちの言うことをちゃんと聞いて、そうか、と思ってこれだけ続けていることはやっぱり、まあくさんすごかったと思う。「何若い奴らがふざけて」って言って「もうやるもんか」ってなってもおかしくないぐらいだったから。

喬太郎　ありがたいですよね。

まあく　そんな、皆さんお優しくて、「ふざけやがって」なんて思う方は一人もいませんもの。

次々若い方とお会いしてもね、こんなヤツがいるんだ、愛しい、みたいなね。

一同　こんなヤツ（笑）。

まあく　本当に皆さんお久しぶりにお会いしたけど、まあ、喬太郎さんは割としょっちゅうお会いしていますから、年取ってるの何気に解るじゃないですか（笑）。白髪にもなるし。だけど花緑さん、たい平さん久しぶりだからね。皆さん良い年齢重ねていますね。

たい平　今日はZoomで良かった。これ会ったらまた喧嘩になるね（笑）。今日もほとんど話聞いてなかったしね（笑）。

まあく　わたしは会いたかったよ。それにちゃんと聞いてましたよ。あなたたちの一言一句漏らさずね。すごい楽しかった。

――これからも楽しいYEBISU亭が続きますよう、お三方からまあくさんにエールをお願いできますでしょうか。

花緑　まあくさんに命ある限りこの会を続けていってほしいです。で、僕らが刺激を受けたように、これからも若い噺家に刺激を与えてあげてください。で、たくさん培ったこの20年と、次のまあくさんの20年の蓄積を活かして、若手をね、うちの弟子もいますんでどんどん使ってほしいです。ぜひ今後の継続に期待をします。

たい平　まさにサッポロビールさんのCMではないですけど「丸くなるな」。とんがり続けろ、みたいな。まあくさんには、いつまでもとんがり続けてほしいです。これからも歳を重ねてもいつまでもとんがった存在でいてください。

まあく　ありがとうございます。トゲトゲね。

たい平　トゲトゲじゃない。とんがる。トゲは刺さるから痛い。俺結構まあくのトゲが刺さってるよ。抜けないトゲが（笑）。あいかわらず人の話全然聞いていないなあ。

喬太郎　まあくさんってかっこいいんですよ。だからずーっとかっこよくいてください。これから70歳80歳になって…。

たい平　もう70はなったよね？

まあく　なってないよ！　60にはなったけどね。

喬太郎　20年前のまあくさんと今も変わらないんですよね。

たい平　成長がない（笑）。

まあく　成長ないね〜。乗馬は上手になったけど（笑）。

喬太郎　だから将来ね、僕らももっと歳を取って、まあくさんが80歳になって、今のまあくさんのままだったら、ものすごくかっこいいおばあちゃんだと思うんです。そういうかっこい

いおばあちゃんのプロデュースする落語会に出たい。だから今のままでいてほしい。
まあく　素晴らしい、さすが喬太郎さん！
喬太郎　こういうことを学んだんですよ（笑）。
まあく　でもね、まあくが一番嬉しい言葉は「かっこいい」です。かっこいいが一番好きです。だから喬太郎さんの今の言葉は一番嬉しい。皆さんも本当にかっこいいですよ。
——今度の記念の会にでもお三方揃えてのYEBISU亭はいかがですか、まあくさん。
まあく　そうですよ。やっぱりスケジュールがね。わたしたちはずっと希望してるの。三人揃っていただきたいというのをね。コロナが収束したら、是非ね、よろしくお願い致します!!

2021年1月5日、晴天。東京かわら版編集部にて

総天然色写真館❷

2021年
1月28日
第65回
YEBISU亭

※無観客配信

撮影＝渡邉まり子

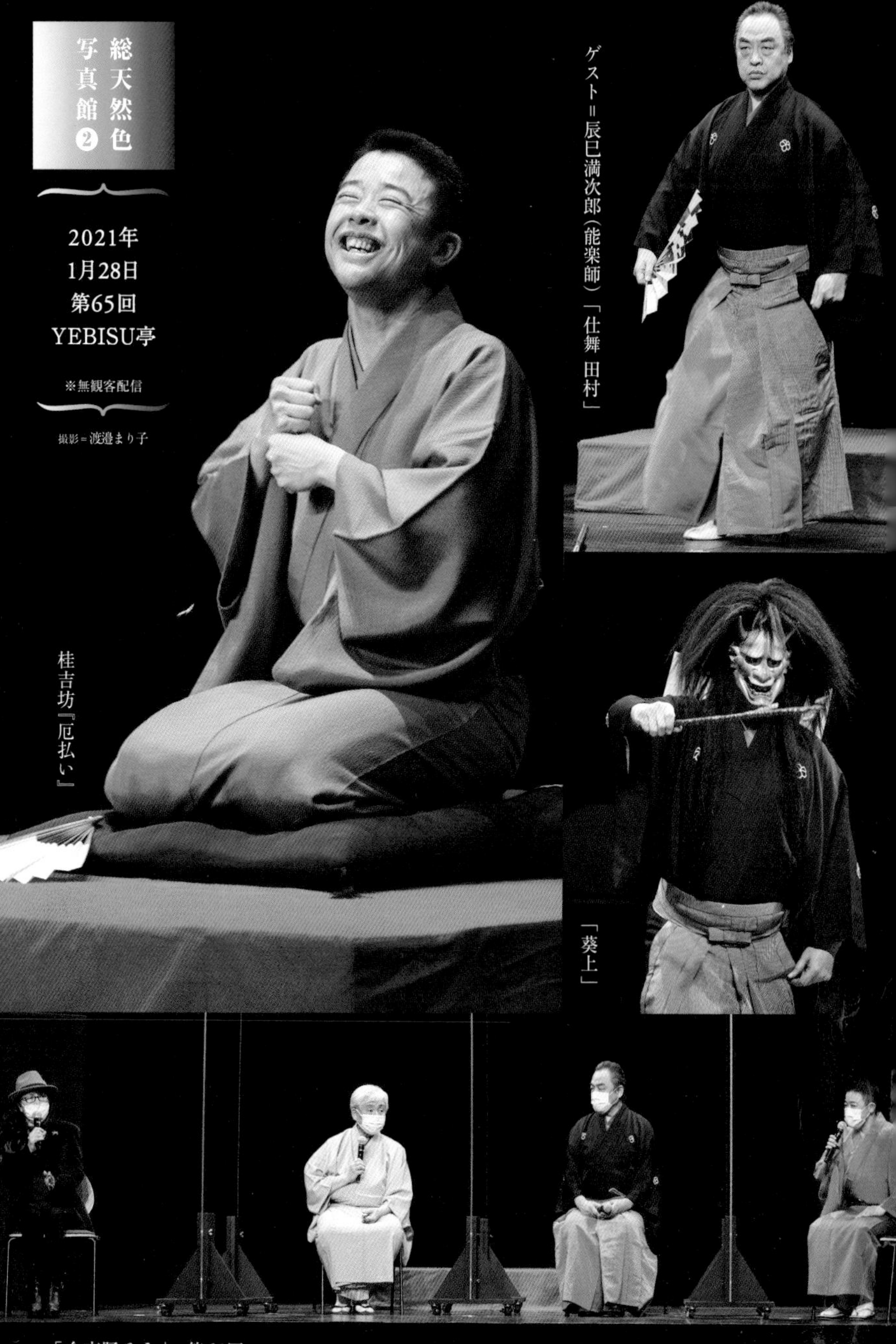

ゲスト＝辰巳満次郎（能楽師）「仕舞 田村」

「葵上」

桂吉坊『厄払い』

「今夜踊ろう」 第65回

主任 柳家喬太郎『錦木検校』
第65回

新感覚落語YEBISU亭◉ヒストリー

※当時のネタ帳などより判明分のみ。当時の肩書き・芸名の方も

第1回　1999年10月10日
立川談志『粗忽長屋』
立川志らく『反対俥』
ゲスト＝市川染五郎（歌舞伎俳優
現・十代目松本幸四郎）
※ガーデンホールにて開催

第2回　2000年7月8日
五代目柳家小さん
柳家花緑
林家たい平『紙屑屋』
柳家喬太郎
ゲストナビゲーター＝葉千栄（ジャーナリスト）

第3回　2000年11月20日
柳家小三治『出来心』
柳家花緑
林家たい平『やわらちゃん』
柳家喬太郎
ゲスト＝栗山英樹（野球解説者・現日ハム監督）

第4回　2001年6月1日
柳家花緑『壺算』
林家たい平『青菜』
柳家喬太郎『夜の慣用句』
（以上　上がり順不明）
三代目三遊亭圓歌『中沢家の人々』
ゲスト＝神谷明（声優）

第5回　〝年忘れスペシャルバージョン〟
2001年12月27日
柳家喬太郎『針医堀田とケンちゃんの石』
林家たい平『二番煎じ』
柳家花緑『おさよ（バレエ「ジゼル」より）』

第6回　〝春満開桜吹雪バージョン〟
2002年3月27日
柳家花緑『千早振る』
柳家喬太郎『オトミ酸』
林家たい平『明烏』

第7回　2002年7月1日
林家たい平『千両みかん』
柳家花緑『愛犬チャッピー』（春風亭昇太・作）
柳家喬太郎『すみれ荘二〇一号室』

第8回　〝秋の夜長はコワーイお噺し〟
2002年10月11日
柳家花緑『化物使い』
林家たい平『深夜タクシー』
柳家喬太郎『牡丹燈籠』
ゲスト＝つのだ☆ひろ（歌手）

第9回　〝犯罪の女〟　2003年3月3日
柳家喬太郎『諜報員メアリー』
林家たい平『紙入れ』
柳家花緑『じゃじゃ馬ならし』
ゲスト＝山中秀樹（フジテレビアナウンサー）

第10回　2003年8月18日
柳家花緑『寿限無』
柳家喬太郎『白日の約束』
林家たい平『幾代餅』
ゲスト＝筑紫哲也（ニュースキャスター）

第11回　〝YEBISU亭 番外編 年忘れ喬太郎飴〟
2003年12月10日
柳家喬太郎『お笑い衆院選』『文七元結』
ゲスト＝いっこく堂（腹話術師）

第12回　〝恵比寿ガーデンプレイス10周年記念〟
2004年10月24日
オープニング（カエルくん＝昇太、ウシくん＝
喬太郎、ナレーション＝パペットマペット）
柳家喬太郎『人妻販売員』
春風亭昇太『人生が二度あれば』
ゲスト＝パペットマペット（お笑いコンビ）

第13回　2005年4月23日
オープニング「ドラキュリア」（恵比寿小町＝
たい平、ドラキュリア＝曽世海児、
ナレーション＝彦いち）
林家彦いち『睨み合い』
林家たい平『愛宕山』
ゲスト＝曽世海児（劇団Ｓｔｕｄｉｏ Ｌｉｆｅ）
※2007年秋に曽世海司に改名

第14回　2005年7月10日
柳家初花「初心者の為の落語講座」
オープニング「ボーイズ かしまし息子
おにぎやか〜」
林家彦いち『青菜』
柳家喬太郎『心眼』
ゲスト＝ＲＯＬＬＹ（ミュージシャン）

第15回　2005年10月10日
柳家初花「プレ落語講座　おかねのはなし」
オープニングトーク
林家たい平『お見立て』
林家彦いち『青畳の女』
ゲスト＝なぎら健壱（フォークシンガー）

第16回　2006年2月26日
柳家初花「プレ落語講座　刻のはなし」
オープニング
「Ｄｒ．コパの春のファッションチェック」
林家彦いち『長島の満月』
柳家喬太郎『花見の仇討』
ゲスト＝Ｄｒ．コパ（建築家・実業家）

第17回　2006年6月25日
柳家初花・三遊亭金翔「プロローグ　落語競演」
オープニング「アラビアのローレンス」
林家たい平『不動坊』
柳家花緑『死刑台のカツカレー』（鈴木聡・作）
ゲスト＝笠原浩夫（俳優）

第18回　2006年11月18日
柳家初花・柳家喬之進（現・柳家小傅次）
「プロローグ　落語競演」
オープニング「スペシャル歌謡ショー」
林家たい平『ＳＨＩＢＡＨＡＭＡ』
柳家喬太郎『うどんや』
ゲスト＝デーモン小暮閣下
（現・デーモン閣下　ミュージシャン）

第19回　2007年3月31日
柳家初花・三遊亭王楽「プロローグ　落語競演」
オープニング「恵比寿中学お囃子教室」
柳家喬太郎『東京タワー・ラブストーリー』
（武藤直樹・作）
三遊亭白鳥『雪国たちきり』（三味線入）
ゲスト＝上妻宏光（津軽三味線演奏家）

番外編　2007年8月26日
白鳥・彦いち・YEBISU亭かいじ・初花・
王楽「口上」
三遊亭王楽『つる』
柳家初花『反対俥』
三遊亭白鳥『真夜中の襲名』
林家彦いち『掛け声指南』
ゲスト＝曽世海児（YEBISU亭かいじ）
『ちりとてちん』
※2007年秋に曽世海司に改名

上方編　2007年10月26日
オープニング
桂吉坊『七段目』

桂都んぽ（現・米紫）『代り目』
柳家喬太郎『牡丹燈籠 おみね殺し』
ゲスト＝新納慎也（俳優）

ホップ・ステップ亭VOL1
2008年3月20日
柳家初花『長屋の花見』
三増れ紋（曲独楽）
柳家さん弥（現・さん助）『熊の皮』

20回記念シリーズ第一弾
2008年3月20日
オープニング
柳家喬太郎『ハワイの雪』『擬宝珠』
ゲスト＝いっこく堂（腹話術師）

ホップ・ステップ亭VOL2
2008年7月19日
くりきん 拳 姫くり 上々軍団 ナイツ

20回記念シリーズ第二弾
2008年7月19日
オープニング「ナンチャンタイチャン」
「くせ」「ミニスカートⅠからⅢ」
林家たい平『紙くず屋』『青菜』
ゲスト＝南原清隆（タレント）『仔猫』

ホップ・ステップ亭VOL3
2008年11月30日
三遊亭王楽『悋気の独楽』
『涙をこらえてカラオケを』（桂三枝・作）
ガッポリ建設（コント）

20回記念シリーズ第三弾
2008年11月30日
花緑・風間杜夫「口上」
柳家花緑『天狗裁き』『二階ぞめき』
ゲスト＝風間杜夫（俳優）『火焔太鼓』

ホップ・ステップ亭VOL4
2009年3月29日

講談女伊達
～Japanese Soul Angels～
田辺一凜（現・宝井一凜）
神田きらり（現・神田鯉栄）
神田織音・神田あおい・神田京子

第25回 2009年3月29日
オープニング
桂吉弥『住吉駕籠』
柳家喬太郎『おせつ徳三郎』
ゲスト＝永井秀樹（サッカー選手）

第26回 2009年6月28日
オープニング「バレエダンス」
三遊亭白鳥『はらぺこ奇談バレエダンス』
桂米團治『掛取り』
ゲスト＝西島千博（バレエダンサー）

恵比寿ガーデンプレイス15周年・
YEBISU亭10周年
Wお祝い！YEBISU亭祭り
2009年9月24日
オープニング「コント」
林家たい平『長短』
柳家花緑『禁酒番屋』
ゲスト＝ラサール石井（タレント）『ないもん買い』

恵比寿ガーデンプレイス15周年・
YEBISU亭10周年
Wお祝い！YEBISU亭祭り
2009年9月25日
オープニング「コント」
三遊亭白鳥『プロレス少女伝説』
林家彦いち『掛け声指南2009』
ゲスト＝前田日明（格闘家）

ホップ・ステップ亭VOL5
2009年9月26日
三遊亭兼好『蛇含草』
桂しん吉『長尾さん』
桂雀喜『元犬』

林家きく麿『撤去します』

恵比寿ガーデンプレイス15周年・
YEBISU亭10周年
Wお祝い！YEBISU亭祭り
2009年9月26日
オープニング
桂吉弥『ちりとてちん』
桂米團治『胴乱の幸助』
ゲスト＝デーモン小暮閣下『忠臣蔵～討ち入りの場』（現・デーモン閣下 ミュージシャン）
※講談指導＝神田京子

第30回
祝！第30回記念YEBISU亭
2010年3月8日
オープニング
林家たい平『宿屋の富』
柳家花緑『片棒』
柳家喬太郎『月夜の音』（トランペット入）
ゲスト＝日野皓正（ジャズ・トランペット奏者）
※ガーデンホールにて開催

第31回 2010年6月27日
オープニング
桂吉坊『崇徳院』
柳家喬太郎『死神』
ゲスト＝月亭方正『鼻ねじ』

第32回 2010年10月28日
オープニング
三遊亭白鳥『仔羊物語』
立川志らく『文七元結』
ゲスト＝市川春猿（歌舞伎俳優 現・新派俳優 河合雪之丞）

第33回 2011年3月2日
オープニング「偽クライズラー&カンパニー」
柳家喬太郎『寝床』
柳家三三『団子坂奇談』
ゲスト＝斉藤恒芳（キーボーディスト）

第34回 2011年7月2日
オープニング
三遊亭白鳥『砂漠のバー 止まり木』
桂吉弥『蛇含草』
ゲスト＝中村有志（現・中村ゆうじ タレント）

第35回 2011年10月19日
オープニング「サウンドオブミュージック（志らく）／オペラ座の怪人（三三）／スターズ（岡幸二郎）」
立川志らく『シネマ落語 "天国から来たチャンピオン" たまや』
柳家三三『妾馬』
ゲスト＝岡幸二郎（ミュージカル俳優）

第36回 2012年3月13日
オープニング「ロミオとジュリエット」
春風亭一之輔『初天神』
柳家喬太郎『任侠 流山動物園』（三遊亭白鳥・作）
ゲスト＝曽世海司（YEBISU亭かいじ）
『干物箱』

第37回 2012年6月25日
オープニング「第1978回恵比寿教養講座」
柳家三三『締め込み』
桃月庵白酒『幾代餅』
ゲスト＝松尾貴史（タレント）『はてなの茶碗』

第38回 2012年9月24日
オープニング「スチュワーデス物語」
桂吉坊『くっしゃみ講釈』
柳家喬太郎『宮戸川』
ゲスト＝風間杜夫（俳優）『湯屋番』

第39回 2013年1月30日
オープニング「オーディション」
春風亭一之輔『鈴ヶ森』
柳家花緑『中村仲蔵』
ゲスト＝姿月あさと（ヴォーカリスト）

第40回 2013年5月28日
オープニング「落語家が描く似顔絵塾」

柳家喬太郎『路地裏の伝説』
林家たい平『青菜』
ゲスト＝山藤章二（似顔絵作家）

第41回　２０１３年９月18日
オープニング「立体講談『吉良邸討入』」
林家彦いち『天狗裁き』
柳家三三『橋場の雪』
ゲスト＝神田京子（講談師）『出世の馬揃え』

第42回　２０１４年１月27日
オープニング「バードウォッチング」
三遊亭白鳥『隅田川母娘』
柳家喬太郎『錦木検校』
ゲスト＝江戸家猫八（動物ものまね）

第43回　２０１４年５月16日
オープニング「マーシーは俺だ！」
春風亭一之輔『粗忽の釘』
柳家三三『文七元結』
ゲスト＝真島昌利（ザ・クロマニヨンズ）

第44回　〝恵比寿ガーデンプレイス20周年記念スペシャル版〟
２０１４年12月５日
喬太郎・一之輔・上妻宏光「口上」
春風亭一之輔『長命』
柳家喬太郎『月夜の音』（三味線入）
ゲスト＝上妻宏光（津軽三味線演奏家）
※ガーデンホールにて開催

第45回　２０１５年４月２日
オープニング
柳家三三『花見の仇討』
三遊亭白鳥『普段の正拳』
ゲスト＝西城秀樹（歌手）

第46回　２０１５年８月２日
オープニング「ルー語講座」
春風亭一之輔『堀之内』
柳家喬太郎『すみれ荘二〇一号室』
ゲスト＝ルー大柴（タレント）

第47回　２０１５年11月23日
オープニング「ハンサム落語」
三遊亭兼好『権助魚』
立川志らく『子別れ』
ゲスト＝平野良・植田圭輔『はてなの茶碗』
（ハンサム落語）

第48回　２０１６年２月14日
オープニング「ムード歌謡コーラス」
柳家喬太郎『稲葉さんの大冒険』（円丈・作）
桃月庵白酒『宿屋の仇討』
ゲスト＝タブレット純（お笑いタレント）

第49回　２０１６年７月30日
オープニング「初代林家三平降臨！」
三遊亭王楽『読書の時間』（桂三枝・作）
柳家三三『お血脈』
ゲスト＝風間杜夫（俳優）『湯屋番』

第50回記念　２０１６年11月23日
オープニング「女装の人」
三遊亭兼好『七段目』
柳家喬太郎『ハワイの雪』
ゲスト＝水道橋博士（タレント）
※みうらじゅん病欠のため代演
※ガーデンホールにて開催

第51回　２０１７年１月29日
オープニング「せんだみつおさんとせんだみつおゲーム！」
柳家三三『崇徳院』
三遊亭白鳥『牡丹道路』
ゲスト＝せんだみつお（タレント）

第52回　２０１７年４月23日
オープニング「楽屋風景」
春風亭一之輔『お見立て』
柳家喬太郎『名人長二 仏壇叩き』
ゲスト＝モロ師岡（俳優）

第53回　２０１７年９月２日
オープニング「三人のみうらじゅん」
三遊亭兼好『茶の湯』
月亭遊方『いとしのレイラ〜彼女のロック〜』
ゲスト＝みうらじゅん（イラストレーター）

第54回　２０１７年12月13日
オープニング「楽屋風景」
風間杜夫『夢の酒』
柳家喬太郎『カマ手本忠臣蔵』
ゲスト＝ゴー☆ジャス（お笑いタレント）

第55回　２０１８年３月17日
オープニングワイドショー
（昭和の噺家伝道師＝関根勤
コメンテーター＝志らく、司会＝吉坊）
桂吉坊『蔵丁稚』
立川志らく『反対俥』
ゲスト＝関根勤（お笑いタレント）

第56回　２０１８年６月３日
オープニング「クックロビン音頭」
三遊亭白鳥『千葉棒鱈』
柳家喬太郎『すなっくらんどぞめき』
ゲスト＝魔夜峰央（漫画家）

第57回　２０１８年９月６日
オープニング「噺家席次決め」
三遊亭兼好『野晒し』
春風亭一之輔『らくだ』
ゲスト＝岩下尚史（作家）

第58回　２０１８年12月13日
オープニング「えびすボーイズ」
柳家喬太郎『ウルトラ仲蔵』
桃月庵白酒『替り目』
ゲスト＝寒空はだか（漫談家）

第59回　２０１９年３月６日
オープニング「妖怪体操第一」
三遊亭兼好『短命』
柳家三三『不孝者』
ゲスト＝ラッキィ池田（振付師）

第60回　２０１９年５月28日
オープニング「津軽じょんがら節」
古今亭菊之丞『法事の茶』
柳家喬太郎『怪談牡丹燈籠　お札はがし』
ゲスト＝上妻宏光（津軽三味線演奏家）

第61回　２０１９年９月18日
オープニング「和妻」
三遊亭白鳥『ハイパー初天神』
春風亭一之輔『鼠穴』
ゲスト＝藤山大樹（手妻師）

第62回　２０２０年１月23日
オープニング「ふたりのビッグショー」
三遊亭兼好『片棒』
古今亭菊之丞『芝浜』
ゲスト＝姿月あさと（ヴォーカリスト）

第63回　２０２０年４月18日　※延期
柳家喬太郎
桂吉坊
ゲスト＝辰巳満次郎（能楽師）

第64回　２０２０年11月19日
オープニング「衛星中継」
桃月庵白酒『笠碁』
春風亭一之輔『ねずみ』
ゲスト＝いっこく堂（腹話術師）
※配信あり

第65回　２０２１年１月28日　※第63回のスライド
オープニング「仕舞 田村」
桂吉坊『厄払い』
柳家喬太郎『錦木検校』
ゲスト＝辰巳満次郎（能楽師）
『葵上』（地謡＝辰巳和磨）
※ガーデンホールにて無観客配信

新感覚落語 YEBISU亭◉本書登場主な噺家プロフィール

※現役の方で、基本は入門順。同協会の方は香盤順

桂米團治
かつらよねだんじ
1958年12月20日、大阪府大阪市出身。78年8月、父の三代目桂米朝に入門し「小米朝」。2008年10月「五代目米團治」。

春風亭昇太
しゅんぷうていしょうた
1959年12月9日、静岡県静岡市出身。82年5月、五代目春風亭柳昇に入門し「昇八」。86年9月、「昇太」で二ツ目に。92年5月、真打昇進。

立川志らく
たてかわしらく
1963年8月16日、東京都世田谷区出身。85年10月、七代目立川談志に入門し「志らく」。88年3月、二ツ目に。95年11月、真打昇進。

月亭遊方
つきていゆうほう
1964年9月4日、兵庫県西宮市出身。86年2月、月亭八方に入門し「遊方」。

三遊亭白鳥
さんゆうていはくちょう
1963年5月21日、新潟県上越市出身。86年7月、三遊亭圓丈に入門。同年10月「にいがた」で楽屋入り。90年9月、二ツ目に。91年1月「新型」。92年4月「新潟」。2001年9月、「白鳥」で真打昇進。

柳家花緑
やなぎやかろく
1971年8月2日、東京都豊島区出身。87年3月、祖父の五代目柳家小さんに入門し「九太郎」。89年9月、「小緑」で二ツ目に。94年3月、「花緑」で真打昇進。

林家たい平
はやしやたいへい
1964年12月6日、埼玉県秩父市出身。87年、林家こん平に入門。88年8月、「たい平」で楽屋入り。92年5月、二ツ目に。2000年3月、真打昇進。

柳家喬太郎
やなぎやきょうたろう
1963年11月30日、東京都世田谷区出身。89年10月、柳家さん喬に入門。同年11月、「さん坊」で楽屋入り。93年5月、「喬太郎」で二ツ目に。2000年3月、真打昇進。

林家彦いち
はやしやひこいち
1969年7月3日、鹿児島県日置市出身。89年9月、林家木久蔵（現・林家木久扇）に入門。同年12月「きく兵衛」で楽屋入り。93年5月、「彦いち」で二ツ目に。2002年3月、真打昇進。

古今亭菊之丞
ここんていきくのじょう
1972年10月7日、東京都渋谷区出身。91年5月、二代目古今亭圓菊に入門。同年7月、「菊之丞」で楽屋入り。94年11月、二ツ目に。2003年9月、真打昇進。

桃月庵白酒
とうげつあんはくしゅ
1968年12月26日、鹿児島県肝属郡出身。92年4月、六代目五街道雲助に入門し「はたご」。95年6月、「喜助」で二ツ目に。2005年9月、「三代目桃月庵白酒」で真打昇進。

柳家三三
やなぎやさんざ
1974年7月4日、神奈川県小田原市出身。93年3月、十代目柳家小三治に入門。同年5月「小多け」で楽屋入り。96年5月、「三三」で二ツ目に。2006年3月、真打昇進。

桂吉弥
かつらきちや
1971年2月25日、大阪府茨木市出身。94年11月、桂吉朝に入門し「吉弥」。

三遊亭兼好
さんゆうていけんこう
1970年1月11日、福島県会津若松市出身。98年10月、三遊亭好楽に入門し「好作」。2002年3月、「好二郎」で二ツ目に。08年9月、「兼好」で真打昇進。

桂吉坊
かつらきちぼう
1981年8月27日、兵庫県西宮市出身。99年1月、桂吉朝に入門し「吉坊」。

三遊亭王楽
さんゆうていおうらく
1977年11月7日、東京都荒川区出身。2001年5月、五代目三遊亭圓楽に入門し「王楽」。04年5月、二ツ目に。09年10月、真打昇進。

春風亭一之輔
しゅんぷうていいちのすけ
1978年1月28日、千葉県野田市出身。2001年5月、春風亭一朝に入門。同年7月「朝左久」で楽屋入り。04年11月、「一之輔」で二ツ目に。12年3月、真打昇進。

エンディング

エンディング楽曲「愛をのせて」ディアマンテス

最後までお読みいただき、ありがとうございました。
あともう少し、おつきあいください。

このYEBISU亭本の企画が出たのは2019年5月28日の第60回を目前に控えた頃でした。
60回を節目に、第1回から振り返ってみよう、と。でも、まあくの横着で、原稿は途中のまんま、何かと言い訳つけては、原稿の仕上がりを引き延ばしていました。気が付いたら年が変わり、そして、2020年1月23日の第62回を迎えていました。

皆さんもご存知のとおり「今夜踊ろう」というトークコーナーは、ラジオ番組のていでやっています。その最初に（舞台転換の暗転のあいだ）出演者のお一人に事前に録音してもらったオープニングコメントが入ります。
２０２０年1月23日の第62回では、まあくは、このようなコメントを書いています。

今夜踊ろう
オープニングテーマ
「今夜は踊ろう」
荒木一郎

恵比寿にお住まいのリスナーの皆さまこんばんは。
ＹＥＢＩＳＵ亭恒例「今夜踊ろう」のお時間です。
２０２０年が明けて3週間あまり、すでに世の中は混沌の様子。
開いたばかりの国会は、日米貿易協定の拙速決定、
カジノ誘致に伴う賄賂や、議員夫婦の不正。桜を見る会問題では
〝御飯論法〟から開き直り発言で逃げ切ろうとする始末。

あ、御飯論法っていうのは、「朝ごはん食べた?」と
聞かれて「いいえ、御飯は食べてません」と答える。

実はパンは食べてるんだけど、っていう、あれね。

言ってるそばから今度は新型肺炎変異の可能性！ だって。

日本人の発症も一人でてます、心配事はてんこもり。

今年はオリンピック・パラリンピックで国民の高揚盛り上げたいのだろうけど、やっぱこれだけ色々あるとね、ねえ、お祭りごとよりもそちらの方が気になっちゃいます。

でもね、皆さん、そんな世の中だからこそ、
噺家って商売の存在意義があるんじゃないでしょうか。

そんなわけで、お待ちかねのトークタイム「今夜踊ろう」。

今夜も踊りながらお聞きください。

２０２０年の年が明けて、最初のＹＥＢＩＳＵ亭だというのに、バッドニュースばかりあげて憂いています。新型肺炎変異の可能性、というのは、もちろん、コロナウイルスのことです。このときすでに日本人の感染者も出ていたのです。そして最後に、そんな世の中だからこそ、噺家って商売の存在意義がある、と。

そして、ときは４月。東京は早めの桜が満開でした。政府が後生大事にしていたオリンピック・パラリンピック開催の延期が決定しました。

わずか二カ月余りの間に日本が、いえ世界が、混沌と不安の沼底に突き落とされることになったのです。

〝こんな世の中だからこそ存在意義のある〟エンターテインメントは、コロナウイルスの前には、ひとたまりもありませんでした。

以前、『ビッグイシュー』という雑誌に、吉川（晃司）くんのこんな言葉がありました。

「エンターテインメントが力を発揮できるのは、傷を負った方々が少なくとも安心して眠れる場所ができてから」

まさにそのときに改めてこの言葉を噛みしめる思いでした。

芸能人の政治的発言を敬遠する風潮が日本ではありますが、それは全くの間違いだと、今回のコロナウイルスで絶望の淵を見てしまったエンターテインメントを考えると、つくづく思います。

続く4月18日開催の「第63回YEBISU亭」は中止になりました。久々の土曜日開催、出演は喬太郎さんと吉坊さん、ゲストは人間国宝の呼び名も高い能楽師の辰巳満次郎さん。チケットはいつも以上に早い完売を出していました。中止決定のメールを送信するよう指示した時の、まあくの無念さ。でもその時のまあくは、まだ何もわかっていなかったのです。観客の皆さんの思いを。

それは、中止メールに対して次々と来た返信メールを拝見したときのことでした。そこには、皆さんのYEBISU亭への愛が、わたしたちスタッフに対しての温かいねぎらいの言葉が、溢れていたのです。本当にそのメールから皆さんのお気持ちがいっぱい溢れていました。

皆さんがどれだけ長く深くYEBISU亭を愛してくださってるのか、その時初めて、まあくは思い知ったのです。これまた遅すぎ！ですよね。すみません。

中止は悔しかったけど、嬉しかったです。このメールのお言葉は宝だと思いました。まあくの励みです。

「本、書かないと」と、そのときに思いました。それから、このYEBISU亭本の原稿の続きを、一気に書き上げました。

まだまだ先行き見えない不安の中、落語もコンサートもお芝居もミュージカルも、何もかもわたしたちの大切な時間が全て無くなってしまう。こんな状況だから、せめて皆さんにYEBISU亭を〝お持ち帰り〟していただきたい、そう思ったのです。

どうか、本が無事仕上がって皆さんにご覧いただける時には、また、思いっきり素敵で楽しい、多彩な、数々の、エンターテインメントの復活がありますように。そう祈った、2020年4月でした。

そして今年、2021年。1月の「第65回YEBISU亭」は、1月7日発出の緊急事態宣言を受け、無観客開催となりました。

1年経っても、コロナの収束は見えず、ただただ自粛を強いるだけの政府のコロナ対策に、人々の絶望感だけが募っていくようでした。

奇しくも初の無観客開催は、中止になった第63回のリベンジ開催編。

こーなったら、無観客でこそ出来る演出でやろう、と。空の観客席を使って、能楽のシーンを創らせてもらったり、最後にカメラに向かっての出演者全員のコメントも、全て配信ならではの臨場感。第65回、YEBISU亭初の無観客開催は、大好評をいただきました。

「それまで母と一緒に行ってたYEBISU亭、子供ができてすっかりご無沙汰していましたが、ライブ配信でまた楽しめました。映像も綺麗で、能とのコラボも最高でした、また会場にいけるまで、配信で楽しみます」

他にも「毎回遠路はるばる時間気にして行ってましたが、こんなグレード高い配信なら、今後は毎回ゆっくり配信で楽しみます」。

こんなちょっと複雑なご感想（笑）もありましたが、嬉しいです。こうして実際に会場に来られなかった全国の皆さんが恵比寿のYEBISU亭を楽しんでいただけたことを嬉しく思いました。

それこそコロナ禍の中での希望です。

でも、やはりライブで観たい。

その想いはYEBISU亭だけでなく、全てのエンターテインメントのファンの皆様の想いでしょう。

この状況でエンターテインメントを続けるためには、誰もが変化を受け入れなくてはならないでしょう。様々な負担を思えばそうそう簡単なことではないが、それでも進んで行けるのは、主催者が文化芸術に深い理解があることに尽きるでしょう。YEBISU亭は幸運です。

それもこれもずーっとまあくの全てを笑って許して助けていただいた、大きな心の師匠方あってこそです。


改めましてYEBISU亭レギュラー陣の噺家の皆さん、本当に本当に、感謝×1000です。ありがとうございます。

また、第一回からまさに苦楽(笑)を共に支え続けてくれるホールプロデューサーの山本士朗さん、岡本恭平くんはじめスタッフのみんなにも、本当に本当に感謝×1000です。ありがとうございます。

そして、最後になりましたが、何よりも観客の皆様です。応援していただいてる皆様のおかげです。どんなに素晴らしいものを創っても、お客様がいないと何ひとつ始まらないのだもの。

思えばこれまでライブを300本以上創らせていただいて、多くの皆様に観ていただけたことも含めて、皆様にも心より、感謝×1000です。皆様ありがとうございます。

これからもどんな形であれ、ライブに拘り続け、創り続けていけたらな、と思います。これからもYEBISU亭を、MARK&I（マーク・アイ）を、よろしくお願いします。

もう一つだけ最後に、この状況でYEBISU亭本発行実現のため、座談会を開いてくださったり、雑多な資料のまとめなど、予想の何倍ものご面倒だったと思います。東京かわら版の岸川明広様にも感謝×1000です。ありがとうございました。

追伸

ちなみに、お分かりとは思いますが、「某（なにがし）さん」とは、お客様皆様のことです。高田さん、富川さん、小平さん、遠藤さん、岩崎さん…みんなみんな…ずーっとYEBISU亭ファンしていただいてる、あなたです。内田百閒の『阿房列車』に出てくる甘木（あまき）さんたち。その本と『ワルシャワ冬の日々』（マレク・ノヴァコフスキ）をオマージュして筑紫さんが書いた「甘木さんの話」。

で、〝甘木さんを元の漢字に戻した〟という次第です。

2021年4月

ザ・ガーデンホール　第50回記念 YEBISU亭

恵比寿ガーデンプレイス
Yebisu Garden Place

サッポロ不動産開発株式会社は、
経営理念「まちや社会とともに、『豊かな時間』と『豊かな空間』を創り、育む」
のもと、地域に根ざした「まちづくり」と「笑顔づくり」をモットーに
まちに住む人、働く人、訪れる人が楽しみ、憩う魅力的なまちを
そこに集まる人と共に育てていきます。

演芸の魅力いっぱい 東京かわら版の本

＊小誌HPにある直販店やお近くの書店にてご注文ください。
＊また小社ネットショップ〈東京かわら版のお店〉からも購入可能です。
☎03-3542-3610（平日10時～18時）

※2021年4月現在の情報　※定価は税込

1974年創刊
日本で唯一の寄席演芸専門誌

月刊情報誌
東京かわら版

落語・講談・浪曲・漫才・マジック・太神楽・紙切りなど、寄席演芸に関する情報が、コンパクトな誌面にぎっしりと詰まっています。演芸会情報は、寄席定席（鈴本演芸場・浅草演芸ホール・末広亭・池袋演芸場・国立演芸場）情報のほか、関東圏内で開かれる大小の会をとりまぜ、紹介しています。多い月は1000件を超えることも!! 寄席演芸人のインタビュー、演芸好きな著名人が出るコーナー、三遊亭兼好ほか好評連載も多数掲載しています。

■毎月28日発行　通常定価600円　A5変型判　※寄席入場料割引あり
■買い忘れのない定期購読がおススメです！ 年間7200円 送料無料！
※ご存知ない方は見本誌をお送りしています。編集部までご連絡を

この芸人さん、もっと知りたい!!
東京かわら版増刊号
東都寄席演芸家名鑑

大好評の演芸家名鑑の最新版！今回は東京を中心に総勢800名を超える落語、講談、浪曲、寄席色物の現役演芸家のプロフィールを収録。さらに、師弟系図や紋の紹介なども付録。月刊号と変わらぬ判型で持ち運びが便利。気になる演芸家を探す時にご活用いただける、演芸界の〝いま〟を知るには必携の一冊です。

■不定期発行（最新版は2019年1月刊）　定価2037円　A5変型判

YEBISU亭レギュラー陣からも収録★

東京かわら版新書❶

僕らは寄席で「お言葉」を見つけた

寄席演芸家傑作語録

長井好弘 著

小三治、志の輔、米丸、さん喬、喬太郎、三三、白酒、一之輔、文珍、正楽ら演芸家50組を取り上げた連載原稿を抽出、全員写真入りで再構成。石井徹也とのスペシャル対談付。

■定価1100円　B6変型判

東京かわら版新書❷

小満んのご馳走

～酒・肴・人・噺～

柳家小満ん 著

寄席の粋人・柳家小満んの〝食〟〝出会い〟を主軸にしたエッセイ集。博識の小満んならではの、気品ある世界観を堪能出来る。俳句、イラストも掲載。

■定価1100円　B6変型判

東京かわら版新書❸

鯉のぼりの御利益

～ふたりの師匠に導かれた芸道～

瀧川鯉昇 著

爆笑落語家・瀧川鯉昇の初自叙伝。生い立ち、波乱万丈な修業時代が初めてつまびらかに。人生の困難を乗り越えるためのエッセンスも込められ、これを読んで、明日の活力に！

■定価1223円　B6変型判

東京かわら版新書❹

東都噺家百傑伝

～冥土インジャパンの巻～

保田武宏 著

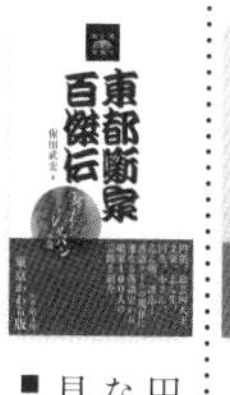

円朝、文楽、志ん生、円生、小さん、志ん朝、談志…現在に連なる噺家100人の芸跡を紹介。一人ずつ写真イラスト入りで見開き2頁で構成した類書のない一冊。

■定価1527円　B6変型判

YEBISU亭レギュラー★

東京かわら版新書❺

お二階へご案内

～虎の巻、妻と上手に生きる方法～

三遊亭兼好 著

定評のある兼好のイラストを1頁ど～ん、本文2頁と計3頁読み切りで65本収録。曲者の家族を中心（ほぼ妻）に、身の回りの出来事を高座同様に面白おかしく綴る。普段は着物姿の兼好が、着物以外の姿で撮りおろしたレアショットも満載。

■定価1100円　B6変型判

YEBISU亭レギュラー★

東京かわら版新書❻

柳家喬太郎バラエティブック

柳家喬太郎 著

柳家喬太郎の落語家人生を演芸専門誌『東京かわら版』掲載のインタビューや関連記事から細かく振り返る。さらに、のべ10時間を超えるインタビューを新録。アマチュア時代までをも収めた喬太郎写真も満載。

■定価1800円　B6変型判

※『成金本』（柳亭小痴楽、昔昔亭A太郎、瀧川鯉八、桂伸三［伸衛門］、三遊亭小笑、春風亭昇々、笑福亭羽光、桂宮治、神田松之丞［伯山］、春風亭柳若、春風亭昇也著）は品切

撮影＝渡邉まり子

まあくまさこ

「ザ・ベストテン」「キャッチアップ」「ドキュメント矢沢永吉」等のTV番組構成作家からキャリアをスタート。1990年オフィス「MARK＆I」設立、イベントの企画・構成／演出・プロデューサーとして活動、その創作数は300本を超える。「コーセーアンニュアージュトーク」は20年続き200回を達成した。1999年より新感覚落語YEBISU亭をスタート。現在まで60回を超える人気落語会として定着している。人気トークコーナー「今夜踊ろう」パーソナリティーも務め、ビジネス誌にエッセイの連載や、ユニークなテーマでの講演も行う。著書に『喝采』（白夜書房）がある。
犬猫の保護活動支援も。趣味は乗馬（障害飛越）鞍数：ほぼ1000鞍。夫は元テレビプロデューサー。
www.markmasako.com

作品抜粋

1988~1994 スーパージャパンカップセグエ選手権大会～全日本選手大会（東京武道館／札幌ホール）・世界選手大会（東京ドーム）
1990~2010 コーセーアンニュアージュトーク（ガーデンホール／ガーデンルームはじめ大阪、札幌、沖縄）～全208回、416名が出演
1992~2000 大浦みずきショー・ディナーショー「大浦みずきパンドラの匣」「大浦みずきイヴの贈り物」（京王プラザホテル・エミネンスホール／宝塚ホテル）
「大浦みずき～クードゥフードル パート1～7」（ガーデンルーム／六本木スウィートベイジル）
1998~2008 TANGOMODERNA Vol.Ⅰ～Vol.Ⅷまで8回開催。（ガーデンホール／サントリー小ホール／ブエノスアイレス・ミケランジェロ）
2006~2007 Moonglade～DIAMOND☆DOGSのAndalucia（ガーデンホール／ガーデンルーム）
2009~2013 姿月あさとスーパーコンサート～Re.fine（ガーデンルーム）
姿月あさとショー～ディナーショー（ザ・リッツ・カールトン東京／大阪）
ほかに、「高田渡派コンサート」「山崎ハコ派コンサート」「西城秀樹アコースティックライブ」「A DAY IN THE LIVE～山本芳樹（Studio Life）／KYOHEIの六月なら楽勝～」など、個性的なコンサート多数。

東京かわら版マンダラブックス1

お持ち帰り、新感覚落語 YEBISU亭
～満員御礼20年の舞台裏を特盛で!!

2021年4月29日 初版発行

著者	まあくまさこ
発行人	井上健司
編集	岸川明広
編集協力	井上和明　佐藤友美　田中愛子 織田和也　岡本悠花
装幀	手塚みゆき
撮影	渡邉まり子
写真提供・協力	MARK&I
発行所	有限会社東京かわら版
住所	郵便番号104-0045 東京都中央区築地1-9-1 井上ビル四階
電話	03（3542）3610
FAX	03（3542）3611
HP	http://www.tokyo-kawaraban.net
印刷・製本	株式会社サンニチ印刷

※転載したブログはご本人の許可を得た上で一部を加筆修正して掲載しているものもございます

ISBN978-4-910085-06-7 C0076